JUEGOS DE *viaje* EN FAMILIA

UN LIBRO DE BOLSILLO CON EJERCICIOS,
PUZLES Y TRIVIAL PARA JUGAR ¡EN CUALQUIER PARTE!

JACK HENSELEIT

LIBROS CÚPULA

JUEGOS DE *Viaje* EN FAMILIA

Índice

Introducción

«Me aburro. ¿Cuánto falta?»

Esa, lector, es una buena pregunta. Ahora mismo os encontráis en la carretera, seguramente de camino a unas maravillosas vacaciones..., pero el viaje es largo, hace mucho calor y el aburrimiento está empezando a hacer de las suyas. Picar algo de comida o chinchar a un hermano puede servir como una distracción momentánea, aunque no os mantendrá entretenidos durante mucho tiempo. ¿Qué podéis hacer?

No temáis. Tenéis la respuesta a mano.

Es la hora de jugar.

En mis numerosos años de escapadas, los juegos de viaje me han salvado una y otra vez del aburrimiento. En mi infancia, el del *coche amarillo*[1] amenizaba el tramo final de todos los viajes a la playa: mi hermana y yo pegábamos la nariz contra la ventana del coche, compitiendo por ver el mar antes que el otro. El de *averigua la canción* sigue siendo el favorito de mi esposa, los dos desesperados por intentar identificar éxitos olvidados de los años noventa. En un viaje reciente (y sofocante) al desierto del Sáhara, un profesor de Matemáticas de la ciudad australiana Perth me retó a descubrir los cuatro países cuyo

1 En inglés, *spotto*. Es un juego consistente en encontrar un coche amarillo y anunciarlo en voz alta, aunque en este caso el autor lo utiliza con el mar. En España se juega gritando, simplemente: «¡Coche amarillo!», lo que a veces se acompaña de una colleja. *(N. de la T.)*

nombre contiene solo una vocal (en inglés), lo que mantuvo mi cerebro activo incluso cuando el resto de mi cuerpo empezó a derretirse. (Gracias de nuevo, Macca.)

Ahora vosotros también podéis aprender esos juegos. Hay 63 de ellos entre las páginas de este libro: según mi objetivísima opinión, la mayor colección de juegos de viaje jamás creada. Lo mejor de todo es que ninguna de las actividades precisa de materiales, lo que significa que podéis jugarlas en cualquier lugar y momento. (Entre tú y yo, ¡a veces incluso juego a ellas en casa!)

Espero que le otorgues a tu nuevo papel de *Travel Games Master* el respeto y la seriedad que merece. Sentíos libres de cambiar cualquiera de las reglas para adaptar el juego al grupo o de añadir nuevas directrices si os parece que las normas no quedan claras. De hecho, modificando las reglas de juegos clásicos suele ser como nacen juegos nuevos. Eso sí: recordad que los principios básicos de un *Travel Games Master* son la honestidad y la diversión, de forma que todo el mundo pueda disfrutar por igual.

¡Buen viaje!

Jack

Leyenda de los juegos

Número de jugadores[1]

Fácil (+5 años)

Intermedia (+7 años)

Difícil (+10 años)

[1] Algunos de los juegos de este libro consisten en una serie de preguntas que puede resolver un solo jugador..., ¡pero solo hasta que las preguntas se acaben!

Premios

La diversión de jugar debería servir como premio suficiente, y los jugadores deberían evitar recrearse durante mucho rato en sus victorias o derrotas. No obstante, si un grupo disfruta más añadiendo premios a la mezcla, puede ser interesante que cada jugador tenga que dedicarle un cumplido al ganador (o ganadores). ¡Pero solo valen piropos realmente sinceros!

JUE

GOS

El juego del abecedario

Jugadores: 1+

Dificultad: 1 2 3

Este juego de detección anima a los jugadores a observar el mundo que les rodea, y se va volviendo sorprendentemente más tenso conforme un viaje se acerca a su final. Para que el juego sea aún más excitante, intenta completar una ronda durante un trayecto rápido a alguna tienda o centro comercial, de forma que el tiempo esté limitado, pero haya señales por todas partes.

Reglas: los jugadores colaboran para detectar las letras del abecedario en el orden correcto, empezando por la A. Podéis buscar las letras en señales de tráfico, en anuncios o incluso en las matrículas de otros coches, pero no está permitido usar libros ni nada que poseáis. Por ejemplo, un cartel en el que aparezca la palabra «playa» permitirá a los jugadores localizar la letra A, y una señal en la que se lea «Barcelona», las letras B y C; luego, los jugadores deberán continuar buscando la letra D en otro lugar.

Trucos y consejos

Para aumentar la dificultad del juego, intentad limitar la búsqueda a señales de tráfico... ¡o usad solo matrículas!

Variante

Palabras completas: en vez de localizar letras, podéis jugar a buscar **palabras** que empiecen con cada letra del abecedario. Por ejemplo, podéis buscar «aeropuerto» para la A, seguida de la palabra «bus» para la B y de «cruzar» para la C. Para completar la X está permitido usar cualquier palabra que la contenga.

Para convertir este juego en una competición, podéis intentar completar el abecedario entero antes que los demás. Cuando un jugador localiza una palabra que empieza con la letra que toca, la dice en voz alta, tras lo cual ningún otro jugador puede volver a utilizar esa misma palabra. Gana el primer jugador en completar la Z.

El juego acaba cuando se finaliza el abecedario al completo, terminando con la letra Z.

Categorías

Jugadores:

Dificultad:

Este es un clásico al que se puede jugar infinitas veces. Si se elige la categoría adecuada, ¡puede incluso que los jugadores más jóvenes eclipsen a los mayores!

Reglas: empezad eligiendo una **categoría**, como, por ejemplo, países.

Por turnos, los jugadores deben nombrar cosas que pertenezcan a dicha categoría sin repetir respuestas ya mencionadas. En el ejemplo dado, el jugador que empieza podría decir «Italia»; el segundo, «China»; y el tercero, «Francia». Continuad hasta que a un jugador no se le ocurra ninguna respuesta más, momento en el cual debe ser eliminado.

El último jugador que quede es el ganador.

Variante

Última letra: en esta variante del juego, cada jugador debe dar una respuesta que empiece con la última letra del elemento mencionado por el jugador anterior. Por ejemplo, si el primer jugador dice «España», el segundo podría responder «Afganistán» y el tercero, «Nueva Zelanda».

Variante

Alfabéticamente: cada respuesta debe seguir el orden alfabético, empezando por la letra A. Continuando con el ejemplo dado, el primer jugador puede decir «Australia» y el segundo, «Brasil», ya que le toca mencionar un país que empiece con B. Cuando hayáis completado el abecedario, podéis empezar de nuevo con la letra A.

Trucos y consejos

Para aumentar la dificultad del juego, podéis añadir condiciones. Por ejemplo: «No vale decir países que contengan la letra A».

Aquí os dejo algunas ideas de categorías divertidas.

Capitales de ciudades. / Personajes de Disney. / Grupos de música. / Películas protagonizadas por un actor o actriz en concreto. / Elementos de la tabla periódica. / Deportes olímpicos. / Canciones por palabras claves. / Frutas y verduras. / Pokémon. / Animales africanos. / Personajes mitológicos. / Desayunos. / Obras de Shakespeare. / Flores. / Líderes mundiales.

Manos arriba

Jugadores:

Dificultad:

Este inusual juego de manos protagonizó programas de radio en los que se regalaban coches y otros premios. No es nada probable que ganes un vehículo jugando con tus amigos y familiares, pero no dudes en reclamar ¡tu derecho a presumir!

Reglas: antes de empezar a jugar, elegid entre todos un objeto a tocar. El objeto debe permanecer inmóvil y, especialmente si jugáis sentados, debe estar a la misma distancia de todos los jugadores.

Luego, colocad una mano sobre el objeto elegido, con el objetivo de mantenerla sobre el mismo durante más tiempo que el resto de los jugadores. Si alguien retira la mano, sea por la razón que sea, queda eliminado.

Está prohibido perturbar físicamente a los oponentes, así como agitar el objeto elegido o moverlo de su posición inicial. Tampoco está permitido cambiar de mano. Sin embargo, sí que podéis reajustar la posición de esta, siempre y cuando una parte de la mano siga tocando en todo momento el objeto.

Se hace con la victoria el jugador que aguante más tiempo tocando el objeto con la mano.

Botticelli

Jugadores: 2+

Dificultad: 1 2 3

Las dos rondas del *Botticelli* pueden resultar liosas al principio, pero este juego mundialmente clásico es estupendo para matar el tiempo en viajes largos. Elegid personalidades famosas para que el juego no pierda fuelle, u optad por figuras menos conocidas para freíros el cerebro.

Reglas: un jugador piensa en una celebridad y revela la primera letra de su apellido. Por ejemplo, si se tratara de Neil Armstrong, tendríais que decir: «Empieza por A».

Entonces empieza el juego, con una **ronda Botticelli**. Durante la misma, el resto de los jugadores le hacen preguntas de cultura general al jugador inicial, quien debe intentar responderlas. No obstante, todas las respuestas deben comenzar ¡con la misma letra que el nombre del enigmático famoso! Siguiendo con el ejemplo anterior, podríais preguntar: «¿Eres una fruta?», a lo cual el jugador inicial podría responder de forma totalmente correcta: «No, no soy un albaricoque». Si se repite alguna pregunta (normalmente después de haber intercalado otra pregunta diferente), el jugador inicial no puede repetir la respuesta. Eso sí: al preguntar, debéis tener en mente una posible respuesta. ¡Queda prohibido realizar preguntas imposibles de responder!

Cuando el jugador inicial deje de ser capaz de responder correctamente las preguntas de la **ronda Botticelli**, comienza la **ronda de famosos**. Durante esta ronda, los jugadores deben formular preguntas con respuestas de **sí o no** para intentar descubrir la identidad de la persona misteriosa. Si una pregunta es respondida con un sí, el jugador puede hacer otra pregunta. Siguiendo con el mismo ejemplo que antes, si la pregunta fuera: «¿Se trata de un hombre?», el jugador inicial tendría que responder: «Sí». La siguiente pregunta podría ser: «¿Sigue vivo a día de hoy?», a lo que el jugador respondería: «No».

Trucos y consejos

Aunque en la **ronda de famosos** el jugador inicial debe responder con un sí o un no, también puede añadir información que ayude a los demás participantes. Por ejemplo, si le preguntan: «¿Sale en la televisión?», el jugador que ha elegido a Neil Armstrong podría responder algo como: «Sí, pero no de normal» o «Sí, pero no es por eso por lo que es famoso».

Si una pregunta resulta ambigua, el jugador inicial puede confesar que hay una ambigüedad en ella y responder lo mejor que sepa, dándole así a los demás la oportunidad de seguir formulando preguntas hasta que reciban un no rotundo.

Obviamente, durante la ronda Botticelli el jugador inicial tiene prohibido utilizar el nombre del famoso escogido.

Paso a paso

1. El jugador inicial piensa en una persona célebre, pero solo revela la primera letra de su apellido.
2. **Ronda Botticelli:** el resto de los jugadores formulan preguntas de cultura general. (Todas las respuestas deben comenzar con la letra dada.)
3. Cuando el jugador inicial no pueda responder correctamente, comienza una **ronda de famosos**.
4. **Ronda de famosos:** el resto de los jugadores hacen preguntas de **sí o no** sobre la enigmática celebridad.
5. Cuando una pregunta recibe un no como respuesta, comienza una nueva **ronda Botticelli**.
6. El juego termina cuando los jugadores averiguan la identidad de la persona elegida.

En cuanto una pregunta reciba un no, deberá comenzar otra **ronda Botticelli**. Los jugadores ganan el juego cuando averiguan la identidad de la celebridad elegida.

Críquet en el coche

Jugadores:

Dificultad:

Es divertido referirse a los puntos como carreras, pero este juego no tiene, en realidad, nada que ver con el deporte del críquet. Añadid vuestras propias reglas para mantener fresca la partida: ¡dos coches rojos seguidos deberían sí o sí valer el doble!

Reglas: para jugar, debéis estar viajando por una carretera o autopista. Empieza cualquiera de los jugadores: en su turno, debe contar los coches que pasan en dirección contraria. Así, va ganando puntos (o **carreras**). Los vehículos blancos o plateados valen una carrera; los coches de colores, dos; las furgonetas y caravanas, cuatro; y las motos, seis. El turno termina cuando pasa un camión. Es entonces cuando comienza el turno del siguiente jugador.

El juego termina cuando cada jugador ha completado dos turnos. El participante que tenga más carreras gana el juego.

Variante

Cuando empiece un nuevo turno, el jugador anterior puede nombrar un color (que no sea ni blanco ni plateado). Si pasa un coche de ese color, se termina el turno, al igual que haría un camión. Esta regla no puede aplicarse a ningún coche que sea visible en la carretera al comienzo del turno.

Fizz Buzz

Jugadores: +

Dificultad: 1 3

Este juego de recuento requiere muchísima concentración, por lo que puede ser una herramienta perfecta para calmar a los pasajeros más alborotados. Guardad un registro de vuestras mayores sumas y consideraos campeones supremos si alguna vez llegáis a 100.

Reglas: los jugadores cuentan hacia arriba desde 1, turnándose para decir el número siguiente. Sin embargo, cualquier número divisible por 3 debe sustituirse por la palabra «fizz», y cualquier número divisible por 5 debe sustituirse por la palabra «buzz». Cualquier número divisible por 3 y por 5 debe sustituirse por la palabra «fizzbuzz».

Variante

Trabajo en equipo: para convertirlo en un juego cooperativo, los jugadores deben, simplemente, tratar de alcanzar el número más alto posible sin equivocarse.

Trucos y consejos

Si un espectador desea ganar este juego de la manera más sencilla posible, las primeras cien respuestas correctas son:

1, 2, fizz, 4, buzz, fizz, 7, 8, fizz, buzz, 11, fizz, 13, 14, **fizzbuzz**, 16, 17, fizz, 19, buzz, fizz, 22, 23, fizz, buzz, 26, fizz, 28, 29, **fizzbuzz**, 31, 32, fizz, 34, buzz, fizz, 37, 38, fizz, buzz, 41, fizz, 43, 44, **fizzbuzz**, 46, 47, fizz, 49, buzz, fizz, 52, 53, fizz, buzz, 56, fizz, 58, 59, **fizzbuzz**, 61, 62, fizz, 64, buzz, fizz, 67, 68, fizz, buzz, 71, fizz, 73, 74, **fizzbuzz**, 76, 77, fizz, 79, buzz, fizz, 82, 83, fizz, buzz, 86, fizz, 88, 89, **fizzbuzz**, 91, 92, fizz, 94, buzz, fizz, 97, 98, fizz, buzz (!)

Si un jugador comete cualquier tipo de error, es eliminado. Gana el jugador que resista.

Me voy de pícnic

Jugadores:

Dificultad:

Este rompecabezas de palabras puede lograr que te sientas un genio cuando finalmente consigues resolver el misterio... o hacerte sentir un ganso cuando eres el último en pillarlo. Intentad superaros unos a otros con normas secretas inteligentes, ¡pero sed también generosos con las pistas que deis!

Reglas: un jugador comienza pensando una norma secreta: por ejemplo, «cosas que contengan la letra R». Tras decidirla, revela un objeto que siga la regla inventada. Siguiendo este ejemplo, podría decir: «Me voy de pícnic, y llevo un sombrero».

El resto de los jugadores deben intentar averiguar la norma secreta proponiendo otras cosas que llevar al pícnic. En este ejemplo, alguien podría sugerir: «Me voy de pícnic, y llevo una pelota», a lo que el jugador inicial le respondería: «No, no puedes venir al pícnic», ya que «pelota» no contiene la letra R. Otro participante puede proponer: «Me voy de pícnic, y llevo una tarta», a lo que el jugador inicial le responderá: «Sí, puedes venir al pícnic».

A lo largo del juego, el jugador principal puede ir paulatinamente revelando más cosas que cumplen la regla secreta, normalmente después de que algún otro participante haya hecho una sugerencia. Los jugadores ganan cuando aciertan de forma sistemática qué objetos llevar al pícnic.

Trucos y consejos

Aquellos jugadores que averigüen la norma subyacente, deben mantenerla en secreto. Pueden ayudar a que el juego avance proponiendo más cosas que sigan la regla para que todo el mundo tenga la oportunidad de resolver el rompecabezas.

Trucos y consejos

No todas las normas secretas deben tratar sobre la morfología de las palabras. Por ejemplo, existe una regla muy popular que permite que los jugadores lleven al pícnic absolutamente todo... ¡siempre y cuando se estén rascando la nariz mientras lo propongan! Os dejo aquí una lista de más normas divertidas.

Cosas de color rojo.
Cosas que son plurales.
Cosas que caben en un bolsillo.
Cosas dichas mientras te tocas la cara.
Cosas que todos podáis ver de verdad en el momento.
Cosas que contengan una letra doble.
Cosas compuestas exactamente por cinco letras.
Cosas de madera.
Cosas propuestas después de decir las onomatopeyas: «Mmm» o «Eh».
Cosas que empiecen con la última letra ¡de la sugerencia anterior!

Veo veo

Jugadores: 2+ | Dificultad: 1

¡Ningún libro sobre juegos de viaje está completo sin este clásico juego de observación!

Reglas: empieza un jugador: debe elegir discretamente algo que todos los participantes puedan ver. Luego, revela la primera letra del sujeto elegido. Por ejemplo, si el jugador inicial se fija en un coche, dirá: «Veo veo una cosita que empieza con la C».

El resto de los participantes deben tratar de adivinar el sujeto en cuestión. Para ello, tienen un número ilimitado de intentos, en cualquier orden. El jugador que acierte el sujeto es el ganador, y le toca elegir al siguiente protagonista del veo veo.

Variante

Oigo oigo: en un ambiente ruidoso, este juego puede centrarse en el oído en vez de en la vista. Por ejemplo, si podéis escuchar el sonido de un tren, el jugador inicial dirá: «Oigo oigo algo que empieza con la letra T».

Trucos y consejos

Cuando no sepas qué elegir, mira hacia el horizonte para buscar algo que suponga un verdadero reto para los demás.

¿Qué preferirías?

Jugadores: 1+

Dificultad: 1 2 3

Este juego conversacional seguro que estimula vuestra creatividad, además de permitiros conocer más a vuestros compañeros. Cuanto más rara sea la pregunta, ¡más divertido será!

Reglas: un jugador piensa en la pregunta qué hacer al resto del grupo, formulando una decisión entre dos opciones. Un ejemplo puede ser: «¿Qué preferirías: ser un gato o un perro?».

Todos los jugadores deben responder a la pregunta, eligiendo una de las dos opciones. No se puede «pasar», así como tampoco se puede inventar una tercera opción.

Los participantes tienen la posibilidad de finalizar el juego en cualquier momento. Aquel jugador cuya pregunta haya dado lugar al debate más interesante, o por cuyas opciones era más difícil decantarse, puede ser considerado el ganador.

Trucos y consejos

En este juego, la diversión surge de inventar dos opciones entre las que sea muy difícil elegir. Os dejo una lista de ejemplos aquí abajo.

¿Qué preferirías: tener una mano gigante o un pie gigante?

¿Qué preferirías: ser la persona más inteligente de una habitación o la más popular?

¿Qué preferirías: ser siempre muy caluroso o muy friolero?

¿Qué preferirías: que te devoraran unas hormigas o unos leones?

¿Qué preferirías: perder el sentido del gusto o el del olfato?

¿Qué preferirías: poder viajar a través del tiempo al pasado o al futuro?

¿Qué preferirías: hacerte un tatuaje pequeño en la cara o uno enorme en la espalda?

¿Qué preferirías: ver a tu mejor amigo durante dos minutos cada día o verlo durante un día entero una vez al año?

¿Qué preferirías: no leer jamás otro libro o no ver nunca más otra película?

¿Qué preferirías: comer el mismo plato durante el resto de tu vida o no poder nunca repetir comida?

Piedra, papel o tijeras

Jugadores:

Dificultad: 1 2 3

Este conocido juego de manos empieza siendo una cuestión de suerte, pero tras varias rondas se convierte en una interesante competición para ver quién se anticipa o quién mete el mejor farol. Para darle un buen giro, ¡atreveos a añadir la bomba y la pistola de agua!

Reglas: para dos jugadores. Los participantes se colocan enfrentados con una mano en un puño. Ambos recitan: «Piedra, papel o tijeras, una, dos y ¡tres!». En la palabra **«tres»**, cada jugador debe formar con la mano una de las tres figuras: **piedra**, **papel** o **tijeras**.

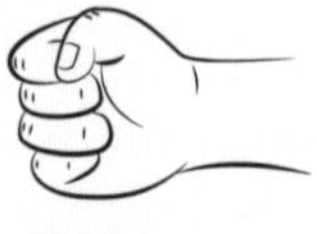

Piedra.

Papel.

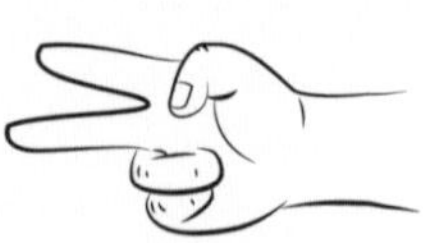

Tijeras.

Dependiendo de la figura elegida, se puntúa la jugada.

La piedra **destroza** las tijeras, ganando 1 punto.

Las tijeras **cortan** el papel, ganando 1 punto.

El papel **envuelve** a la piedra, ganando 1 punto.

Si los dos jugadores empatan, ninguno gana puntos. Si uno de los dos cambia o retoca la figura de la mano después de la palabra «tres», el oponente recibe inmediatamente 1 punto.

Una vez se logra una victoria, comienza la siguiente ronda. Gana el primer jugador en alcanzar los 5 puntos (o los 10 en un juego de mayor duración).

Variante

Bomba y pistola de agua: en esta variante, los jugadores también pueden decidir adoptar dos nuevas figuras: la **bomba** y la **pistola de agua**.

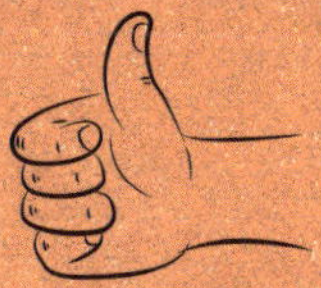

Bomba.

Pistola de agua.

- La bomba puede **explotar** la piedra, el papel o las tijeras, ganando 1 punto.
- La pistola de agua puede **apagar** la bomba, ganando del tirón 10 puntos... ¡y, por tanto, pasándose el juego!

Los jugadores que saquen piedra, papel o tijeras pueden **desarmar** a la pistola de agua, ganando 1 punto como de normal.

Averigua la canción

Jugadores: +

Dificultad: 1 X 3

Si juegas a la variante de la radio, este juego puede lograr que el viaje te parezca todo un concurso de televisión. Elegid una época musical que os guste a todos y pelead por cada punto. ¡Puede que incluso retraséis aparcar el coche para jugar una ronda más!

Reglas: un jugador piensa en una canción. Luego, la silba o la tararea en voz alta.

El jugador que averigüe el nombre de la canción y del artista, gana 1 punto. Sin embargo, si solo logra decir el nombre de la canción o el del artista (pero no ambos) y otro jugador resuelve la parte que falta, ambos ganan 1 punto.

Gana quien tenga más puntos al final del viaje.

Variante

Variante de la radio: los juegos de este libro no suelen requerir ningún material, pero este es aún más divertido cuando se juega con una radio en el coche. Los jugadores deben elegir una emisora o lista de reproducción que les guste a todos. Luego, deben competir para identificar cada canción antes que los demás. (Si el nombre de la canción o el del artista aparecen en la letra, los jugadores solo ganarán el punto si averiguan la respuesta antes de que salga en la canción.)

Trucos y consejos

Este juego resulta todavía más interesante al limitar los temas a una categoría. Os dejo aquí algunos ejemplos.

Villancicos. / Bandas sonoras de series o películas. / Canciones famosas. / Nanas. / Himnos nacionales. / Himnos de equipos deportivos. / Temas de un cierto artista. / Canciones por palabra clave. / Décadas concretas.

En mi mochila llevo...

Este juego de memoria puede que empiece lento, pero se vuelve frenético cuando los jugadores empiezan a mencionar las cosas más disparatadas que se les ocurren.

Reglas: un jugador anuncia que ha metido algo en una mochila imaginaria. Por ejemplo: «En mi mochila llevo un par de zapatillas de deporte».

El siguiente jugador debe pensar también en algo que meter en la mochila, a la vez que debe recordar aquello que se ha metido antes. Siguiendo con el ejemplo anterior: «En mi mochila llevo un par de zapatillas de deporte y un acordeón». El tercer jugador podría añadir algo como: «En mi mochila llevo un par de zapatillas de deporte, un acordeón y una piraña llamada Pedro».

Si un participante no logra recordar todo lo que hay ya en la mochila, o no lo enumera en el orden correcto, es eliminado. Gana el jugador que aguante hasta que no quede nadie más.

Silencio en la sala

Jugadores: +

Dificultad: 2 3

Obtén un par de minutos de paz y silencio con este clásico juego. Puede parecer un poco tonto jugarlo con un grupo de mayor edad, pero, en el fondo, ¡nadie quiere ser un burro!

Reglas: para ganar este juego, los participantes deben intentar mantenerse callados todo el tiempo posible. El juego empieza cuando alguien grita: «Silencio en la sala que el burro va a hablar».

Nada más acabar la rima, todos los presenten deben guardar silencio. El primer jugador que lo rompa es declarado **burro**, mientras que el resto del grupo gana la partida.

Trucos y consejos

La versión más larga de la rima es: «Silencio en la sala que el burro va a hablar. El primero que hable, ¡burro será!».

El perro del día

Jugadores: +

Dificultad: 2 3

Puedes jugar a este juego de observación completamente solo, pero se disfruta más en un gran grupo, ya que suele darse una encarnizada competición. Por supuesto, si hay otro animal que sea más fácil ver durante el viaje, probad con él.

Reglas: los jugadores compiten cada día por localizar al mejor perro. Cuando un participante vea a un perro que crea que podría ganar, debe señalarlo y gritar: «¡Perro del día!».

Cada jugador solo puede elegir un perro al día, y nadie más puede seleccionar a ese mismo animal.

Gana aquel jugador que haya acertado con su elección de «perro del día». Si se elige a un perrito, pero luego se ve a otro mejor (o si no se elige a ningún perro), se pierde la partida. Ya que se trata de un juego de gustos personales, es posible que varios jugadores ganen la partida en el mismo día, siempre y cuando estos hayan jugado honestamente.

Las rondas se reinician cada mañana, por lo que todos los participantes que conocen las reglas deben asumir que el juego se retoma de nuevo cada día.

El gato del ministro

Jugadores: 2+

Dificultad: 1 2 3

Puede que se remonte a la época victoriana, pero un buen grupo de jugadores siempre logra pasárselo genial con este juego tan tonto.

Reglas: antes de que el juego empiece, todos los jugadores deben golpear sus rodillas con las manos a la vez para crear un ritmo de cuatro tiempos. Después, un jugador piensa en una palabra que empiece con la letra A, y la usa para describir al gato del ministro. Por ejemplo, el jugador inicial podría decir, a ritmo con el compás elegido: «El gato del ministro es un gato adorable».

El siguiente participante deberá describir también al gato usando una palabra que empiece con la misma letra. Cada turno dura exactamente cuatro tiempos y comienza justo después del turno anterior. Si, llegado su turno, un jugador falla al intentar describir al gato, o si repite una palabra ya usada, es eliminado.

Cada vez que un jugador es eliminado empieza una nueva ronda, en esta ocasión con palabras que empiecen con la siguiente letra del abecedario. Gana el jugador que aguante hasta el final sin ser eliminado.

Trucos y consejos

Podemos ajustar la dificultad del juego. Para que sea más fácil, los jugadores pueden interpretar con sus manos y rodillas un ritmo más lento, o incluso eliminar la regla de que las descripciones deban empezar con una letra en concreto. Para que el nivel de dificultad sea mayor, se puede aumentar la velocidad del ritmo o instaurar normas más complejas. Por ejemplo, que cada palabra usada para describir al gato... ¡empiece con la última letra de la palabra del turno anterior!

Alrededor del mundo

Jugadores: +

Dificultad: 1 3

Este juego de palabras es el rompecabezas ideal para un gran grupo de jugadores. Además, ¡puede que se trate del juego con la mejor temática de este libro!

Reglas: este juego tiene una regla secreta que solo uno de los jugadores debe conocer. El jugador inicial anuncia que el grupo se va de viaje alrededor del mundo y les pide a los demás sugerencias de sitios a los que podrían ir para ayudarle a planificar la ruta. Además, el jugador inicial propone de entrada dos localizaciones. Por ejemplo: «Empezamos nuestro viaje en Australia y, después, viajamos alrededor del mundo hasta Lisboa».

La regla secreta es que cada nuevo destino debe empezar con la letra que toque de la siguiente secuencia:

ALREDEDOR DEL MUNDO

Conforme el resto del grupo proponga lugares que visitar, el jugador inicial les dirá si pueden o no viajar ahí. La respuesta dependerá de si están cumpliendo la regla secreta. Si ningún participante acierta, el jugador inicial puede sugerir la siguiente parada para ayudarles.

El juego termina cuando todos los jugadores descubren la regla secreta.

Trucos y consejos

La única forma de que los jugadores logren averiguar la regla secreta es que recuerden el nombre del juego, por lo que el jugador inicial deberá decir «alrededor del mundo» lo suficientemente a menudo como para que nadie lo olvide.

¡Gané!

Jugadores: +

Dificultad: 1 2 3

Este es el clásico juego de localización por excelencia, y es la manera perfecta de responder a los llantos de: «¿Cuánto falta para llegar?». Cuanto antes lo utilices, ¡más paz y tranquilidad tendrás!

Reglas: este es un juego reservado para el final de un viaje. Cuando os quede poco para llegar, deberéis elegir algo que encontrar que solo pueda verse en vuestro destino. Por ejemplo, si estáis viajando hacia el interior del país, podéis elegir localizar la línea del horizonte de la ciudad a la que debéis llegar. Por el contrario, si estáis viajando hacia la costa, podéis elegir localizar el mar.

Una vez se ha escogido un objetivo, todos los jugadores deben competir para ser los primeros en ver la cosa elegida. Cuando alguien la divise, debe señalarla y gritar «¡Gané!».

El primer jugador en hallar correctamente el sujeto elegido se convierte en el ganador.

Veinte preguntas

Jugadores: 2+ | Dificultad: 1 2 3

Es difícil encontrar un juego tan simple como este clásico entre los clásicos..., ¡pero, a veces, lo sencillo es justo lo que se necesita cuando se está cansado!

Reglas: uno de los participantes piensa en una **persona**, **lugar** o **cosa**. Luego, el resto de los jugadores deben formularle veinte preguntas de **sí o no** para intentar descubrir en qué está pensando.

Si lo descubren en veinte preguntas o menos, ganan el juego.

Variante

Animal, vegetal, mineral: esta variante es muy común. Limita al jugador a no pensar ni en personas ni en lugares. Antes de que le hagan la primera pregunta, el jugador debe informar al resto de los participantes de si está pensando en un animal, un vegetal (cualquier planta), un mineral (algo no vivo) o en una combinación de las tres cosas. Después, como de normal, los jugadores formulan las veinte preguntas.

El objeto maldito

Jugadores: +

Dificultad: 1 ✗ 3

Te reirás a carcajadas con este inusual juego de destreza, pero ¡no bajes la guardia o te convertirás en el motivo de las risas!

Reglas: al inicio de un viaje, todos los jugadores se ponen de acuerdo en un objeto, el cual recibe una maldición. Este no puede ser mayor que la palma de la mano y debe poder resistir manipulaciones bruscas. (Si no hay más remedio, usad este libro.)

Un jugador empieza el juego tomando posesión de dicho objeto. El objetivo es encasquetarle disimuladamente el objeto maldito a otro jugador. Esto puede lograrse escondiéndoselo en su mochila, en su saco de dormir o en un bolsillo; dentro de un coche, vale colocarlo en el asiento (o debajo). Pero si el jugador es pillado *in fraganti,* no vale, por lo que deberá quedarse con el objeto maldito.

El jugador que posea el objeto maldito está perdiendo el juego, incluso, aunque no sepa que este se encuentra en su posesión. Tan pronto como se dé cuenta de que lo tiene, deberá intentar encasquetárselo a otra persona.

El perdedor final será aquel que posea el objeto maldito al término del viaje. El resto de los jugadores habrán logrado librarse de la maldición y, por ende, habrán ganado el juego.

Lo mejor de lo mejor

Jugadores: +

Dificultad: 2 3

Disfruta del paisaje (y no te pierdas detalle) en este competitivo juego de observación.

Reglas: este juego es mejor jugarlo mientras paseáis. Un jugador reta a los demás a encontrar la mejor **cosa** de una categoría en concreto. Por ejemplo, mientras camináis por la playa el reto podría ser encontrar la mejor concha.

Al final del paseo, cada jugador debe revelar aquello que hayan elegido (una única cosa). Entre todos, ya sea mediante una votación o por un árbitro imparcial, se elige la mejor cosa de todas. Quien haya encontrado dicho ítem es el ganador. Aunque, para tener en cuenta los diferentes gustos de los jugadores, cualquier persona que crea que su elección es la mejor puede ser también considerada ganadora.

Trucos y consejos

Aunque, normalmente, el reto suele consistir en encontrar objetos pertenecientes a la naturaleza, en un entorno urbano se puede ver a jugadores buscando la mejor tarjeta de visita o la mejor moneda tirada en la calle.

La persona de ayer

Jugadores: 2+ | Dificultad: 1 2 3

Este juego de memoria es una buena manera de recordar los detalles de un día de viaje, e incluso puede serviros para no olvidar a ciertas personas una vez que el viaje se haya acabado.

Reglas: solo se puede jugar a este juego si los participantes han viajado juntos durante al menos un día. Un jugador piensa en una persona que todos hayan conocido recientemente, y luego les dice: «Adivinad en qué persona de ayer estoy pensando».

El resto del grupo debe entonces formular preguntas de sí o no para intentar descubrir la identidad del desconocido. Por ejemplo, podrían preguntar: «¿Conocimos a esa persona por la mañana?». El grupo gana el juego cuando averigua correctamente en quién estaba pensando el jugador inicial.

Trucos y consejos

El jugador inicial no tiene por qué saber o recordar el nombre de la persona elegida, siempre y cuando sea fácil describirla. Pero aseguraos de que solo elegís a individuos que todos los jugadores hayan tenido la oportunidad de conocer.

Charadas

Jugadores: 2+

Dificultad: 1 2 3

El juego de las charadas aumenta cada año con la aparición de nuevas canciones, libros y películas, lo que convierte a este juego de palabras en un clásico atemporal y muy entretenido. ¡Atrévete a elegir títulos que contengan palabras graciosas para darle vidilla a la partida!

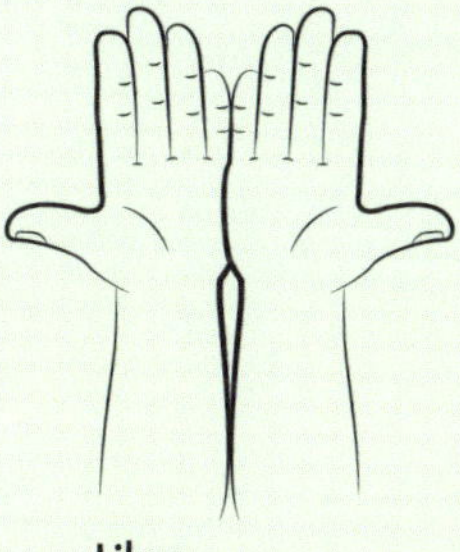

Libro.

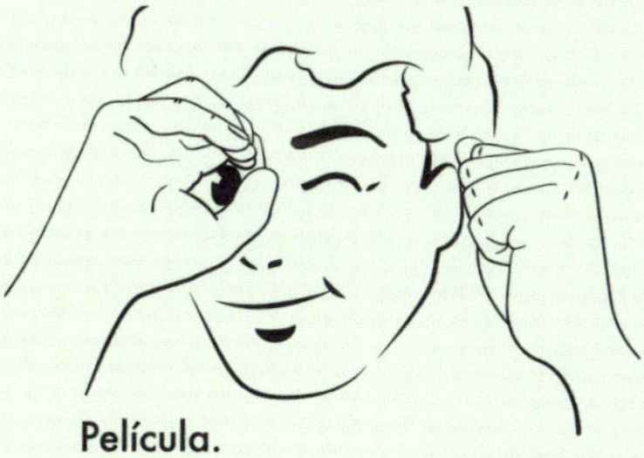

Película.

Canción.

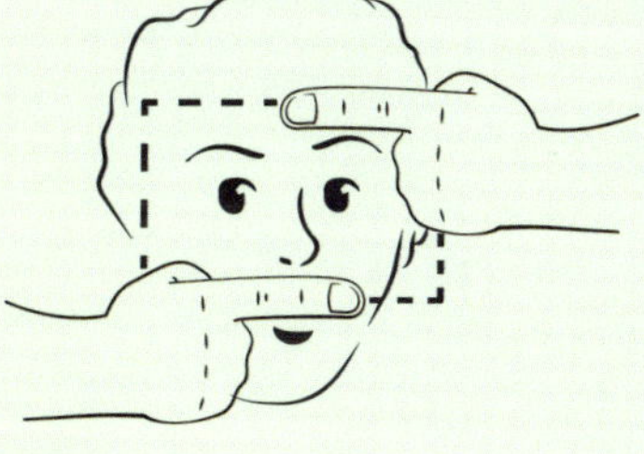

Serie.

Reglas: un jugador piensa en un libro, película, canción o serie de televisión. En silencio, debe representar el título secreto al resto de los jugadores para que lo averigüen.

Aquí tenéis unas cuantas señales para que os resulte más fácil empezar el juego. Primero, el jugador debe representar una de estas señales para comunicar qué medio ha elegido. Después, puede indicar con los dedos de las manos cuántas palabras forman el título. En tercer lugar, de nuevo con los dedos de las manos, puede explicar qué palabra va a representar a continuación. Por ejemplo, si el jugador levantara cinco dedos y después tres, significaría que va a representar la tercera palabra de las cinco que forman el título.

Si es posible utilizar temporizador, cada jugador deberá contar con 60 segundos de límite para representar sus pistas. Los jugadores ganan el juego si el grupo logra averiguar correctamente el título elegido, o pierden si se rinden o si se agota el tiempo.

Variante

Solo la trama: para jugar a una versión más difícil (y mucho más divertida), olvidaos de los títulos y dedicaos exclusivamente a representar la trama.

En la variante competitiva, los jugadores pueden dividirse en dos o más grupos, representando entonces las pistas solo para los miembros de su mismo equipo. Cada equipo gana 1 punto por cada acierto. El grupo que consiga mayor número de puntos tras unas cuantas rondas se alza vencedor.

Trucos y consejos

Aquí tenéis algunas de las pistas más típicas de las charadas, ¡para que vuestro juego funcione de forma más fluida!

¡Correcto!

Se parece.

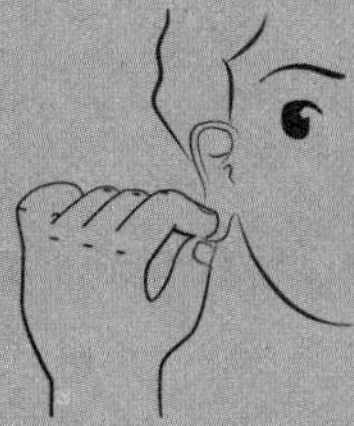

Número de sílabas.

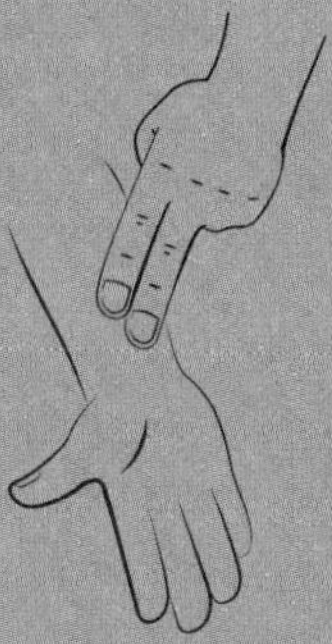

Palabra corta.

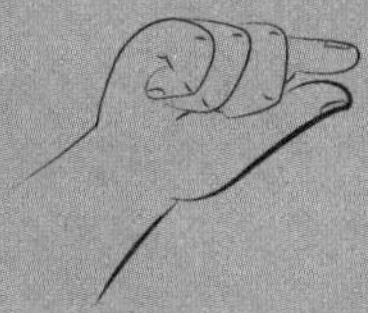

«Él.»

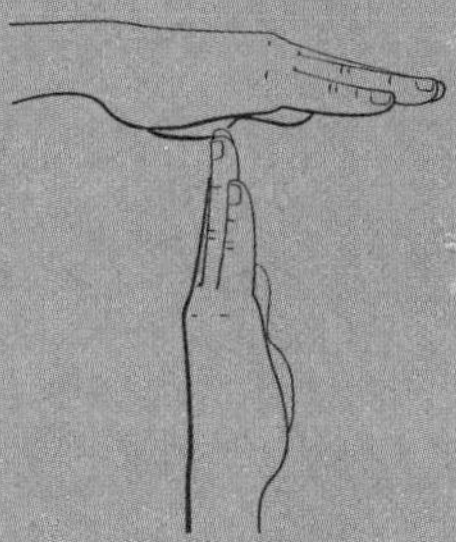

«Caliente, caliente.»

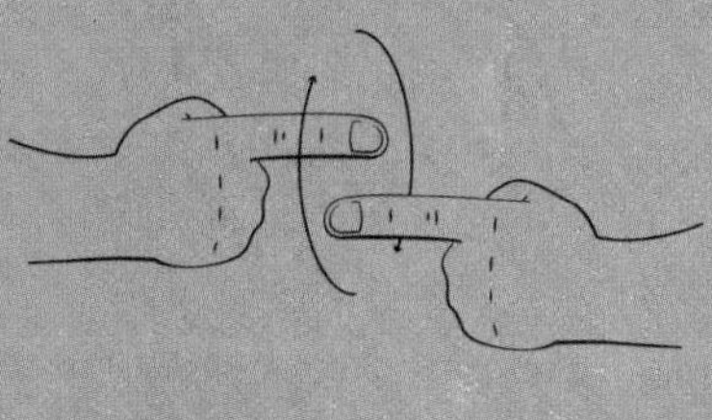

Simón dice

Jugadores: 3+ | Dificultad: 1 2 3

Podéis hacer este juego accesible para los más pequeños jugadores si utilizáis órdenes fáciles, pero, si usáis directrices más difíciles, ¡también podéis crear un verdadero reto para adolescentes y adultos!

Reglas: un jugador asume el papel de **Simón**, y debe ordenarle cosas al resto de los participantes. Se deben seguir las directrices cuando estas comiencen con la frase: **«Simón dice...»**, pero se deben ignorar si las órdenes no vienen precedidas de ese inicio.

Aquellos jugadores que no sigan correctamente las instrucciones son eliminados. Gana el último jugador que quede.

Trucos y consejos

Una directriz típica de *Simón dice* suele ser tocar rápidamente una parte del cuerpo. Por ejemplo, Simón podría alternar órdenes como: «Simón dice... tocaos las rodillas», y «Simón dice... tocaos la cabeza», antes de colar una directa: «Tocaos las rodillas», para tratar de confundir a algún jugador despistado.

Si queréis complicar aún más el juego, podéis hacer uso de vuestra creatividad. Os dejo algunos ejemplos aquí abajo.

«Simón dice... aplaudid. ¡Más fuerte!» (Los jugadores deben aplaudir, pero no más fuerte.)

«Simón dice... no evitéis tocaros la nariz.» (Los jugadores deben tocársela.)

«Simón dice... no seáis el último en tocaros la cabeza.» (El último es eliminado.)

«Memorizad esta secuencia: cinco, uno, siete.» (Los jugadores no deben recordarla.)

«Simón dice... repetid la secuencia que memorizasteis antes.» (Los jugadores no deben repetirla, ya que no debían memorizarla.)

«Simón dice... tocaos la barbilla cada vez que yo me la toque.» (Estad atentos durante toda la ronda e imitadle.)

«Oh, se me acaba de ocurrir una buenísima, acercaos un poco más.» (Los jugadores no deben moverse.)

«Simón dice... cumplid todas las futuras órdenes por duplicado.» (Estad atentos a las siguientes instrucciones y cumplidlas dos veces.)

«Simón dice... tocaos la nariz dos veces.» (Los jugadores deben tocársela cuatro veces.)

«Simón dice... sed el mejor bailarín.» (¡Solo quien haga el mejor baile ganará el juego!)

Manos calientes

Jugadores:

Dificultad:

Este trepidante juego de manos es una buena forma de divertirse cuando se está en los asientos traseros del coche, pero aseguraos continuamente de que ambos jugadores están pasándoselo bien.

Reglas: en este juego solo pueden participar dos jugadores. Ambos deben colocarse frente a frente, cada uno presionando las palmas de sus manos, con los dedos mirando hacia el contrario. Las puntas de los dedos de un jugador deben estar a menos de tres centímetros de los dedos de su oponente.

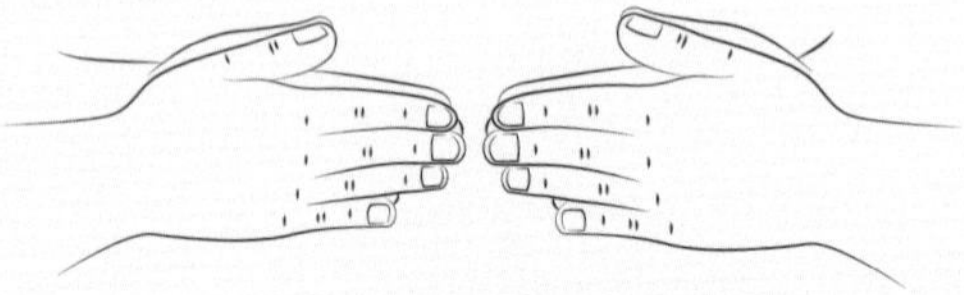

Posición inicial

Luego, los jugadores eligen quién será el atacante y quién el atacado. El objetivo del atacante es mover lo más rápidamente posible una mano para golpear las manos del contrario. Mientras, el atacado debe intentar eludir el golpe moviendo sus manos hacia arriba o hacia abajo, pero manteniendo en todo momento las palmas pegadas. Después de que el atacante haya tratado de golpear, ambos vuelven a la posición inicial.

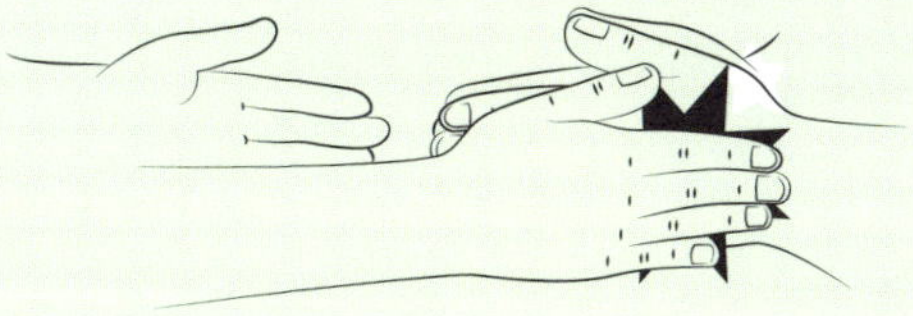

Golpe exitoso.

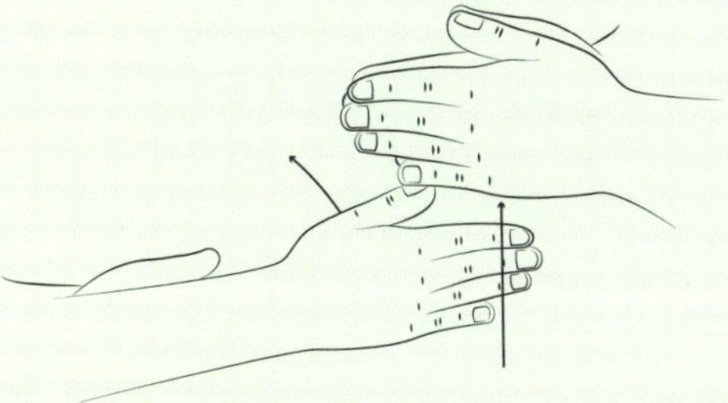

Golpe evadido.

El jugador que se defiende intenta evadir los golpes; cuando es finalmente golpeado con éxito, los dos participantes cambian los papeles. No obstante, si el atacado mueve sus manos tres veces sin que el otro jugador se haya movido, el atacante debe propinarle una **palmada gratis:** el atacado deberá mantener sus manos juntas en el sitio mientras el atacante le golpea.

El juego continúa hasta que se desee parar. Quien haya logrado golpear más veces más rápidamente a su adversario es el ganador.

Trucos y consejos

El juego de *manos calientes* puede ser muy bruto, llegando a causar molestias en las manos. Si el juego deja de ser divertido para uno de los dos jugadores, parad inmediatamente.

La palabra fantasma

Jugadores:

Dificultad:

Este divertido juego de palabras se vuelve más y más tenso conforme se alarga..., ¡pero los angustiosos giros finales son lo más divertido de todo!

Reglas: un jugador empieza a deletrear una palabra, diciendo en voz alta solo la primera letra. El siguiente jugador continúa añadiendo una letra a su elección. De esta forma, cada jugador utiliza su turno para continuar deletreando la palabra que creen que es. Sin embargo, si un jugador dice una letra que termina una palabra de tres letras o más, dicho participante pierde inmediatamente el juego.

Por ejemplo, el primer jugador piensa en: «Lluvia» y deletrea la L. El siguiente participante piensa en: «Lámpara» y anuncia la A. El tercero piensa en: «Lápida» y dice P. El cuarto piensa en la misma palabra y dice I. Pero al quinto solo se le ocurre: «Lápiz», por lo que se ve obligado a usar la Z, formando una palabra de cinco letras y perdiendo, pues, el juego. (Claro, podría haber pensado en: «Lápida» o «Lapicero», haber continuado... ¡y no haber perdido!)

Si un jugador cree que la persona anterior dijo una letra cualquiera para impedir la formación de una palabra real, puede utilizar su turno para **retar** a dicho participante. Si el jugador retado no logra aportar una palabra válida, pierde inmediatamente el juego. Sin embargo, si responde correctamente, el jugador que le ha retado es entonces quien pierde la partida.

El top cinco

¡Incluso las personas más calladas lograrán brillar en este juego conversacional!

Reglas: un jugador le pide a los demás que compongan un top cinco según una categoría concreta. Por ejemplo, la pregunta podría ser: «¿Cuáles son vuestras cinco películas favoritas de todos los tiempos?».

Todos los jugadores (incluido el que ha hecho la pregunta) deben componer su propio top cinco. No es necesario puntuar cada elemento de la lista ni compararlos entre sí, a no ser que se elija hacerlo. Podéis anunciar en voz alta las elecciones conforme las penséis para que el resto del grupo debata sobre lo acertado de la decisión.

El juego termina cuando todos los jugadores han elegido cinco elementos y han completado, pues, su propia lista.

Trucos y consejos

El objetivo de este juego no es encontrar cinco respuestas perfectas, sino participar en una conversación entretenida a la vez que se conoce más al resto de los jugadores. Si a algún participante le cuesta elegir cinco elementos, puede probar a, simplemente, responder aleatoriamente. Os dejo aquí una lista de categorías interesantes.

¿Cuáles han sido las comidas más memorables que habéis probado?

¿Cuáles han sido los regalos que más os han gustado?

¿Quiénes son vuestros personajes ficticios favoritos?

¿Cuáles han sido vuestras mejores vacaciones?

¿Con qué famosos cenaríais?

¿Qué momentos históricos os gustaría haber presenciado?

¿Cuáles son vuestros mejores recuerdos del colegio?

¿Qué pequeñas manías tenéis?

¿Cuáles son vuestras bebidas favoritas?

¿Cuáles son vuestras frutas preferidas?

¿Qué países os gustaría visitar?

¿Qué canciones os traen recuerdos?

¿Qué juguetes teníais cuando erais pequeños?

¿Qué animales os gustaría tener como mascotas?

¿Qué superpoderes elegiríais tener?

¿Qué música os llevaríais a una isla desierta?

Hasta diez

Jugadores: 3+ | Dificultad: 1 2 3

Este juego de conteo se llena de tensión en un santiamén. ¡Simplemente fijaos en los nervios que alcanzan a todo el grupo cuando la cuenta alcanza el ocho o el nueve!

Reglas: un jugador da comienzo al juego gritando: «¡Uno!». El objetivo es seguir diciendo números hasta llegar al diez. Sin embargo, si dos o más jugadores hablan al mismo tiempo, el grupo entero pierde la partida y debe empezar de nuevo.

No vale establecer previamente un orden de intervención ni tampoco intercambiar pistas (de hecho, se pueden cerrar los ojos para evitar interceptar pistas sin querer). Un mismo jugador no puede decir dos números seguidos. En partidas de tres a cinco jugadores, todos los participantes deben intervenir al menos una vez. Y si hay más de cinco personas, al menos deben hablar cinco jugadores distintos.

El grupo gana cuando alcanza el número diez, y todos los jugadores comparten la victoria.

Variante

Hasta veinte: para aumentar el nivel, proponeos contar hasta veinte.

La cafetera

Jugadores: 

Dificultad: 2 3

Jugando a este divertido juego de palabras, ¡terminarás haciéndote a ti mismo unas preguntas rarísimas!

Reglas: un jugador piensa en una actividad, y le pide al resto de los participantes que la averigüen. Sin embargo, a la vez que formulan preguntas de sí o no, los jugadores deben usar la palabra **«cafetera»** (o derivados, como «cafetear») a la hora de describir la actividad que intentan adivinar.

Por ejemplo, el jugador inicial piensa en esquiar. Entonces, alguien le pregunta: «¿Necesito algún equipamiento especial para cafetear?», a lo que el jugador inicial responderá: «Sí». Otra persona pregunta: «¿He estado cafeteando hoy?», tras lo que el jugador inicial dirá algo como: «No, ¡hace demasiado calor!».

El juego termina cuando los jugadores averiguan de qué actividad se trata.

Coincidencias

Jugadores:

Dificultad: 1 X 3

Este juego de palabras posee la condición para ganar más satisfactoria de todo el libro: ¡decir lo mismo al mismo tiempo es, simplemente, placentero!

Reglas: este es un juego solo para dos jugadores. Cada participante debe pensar en una palabra y, tras contar hasta tres, ambos deben decirla a la vez. Por ejemplo, dos jugadores cuentan hasta tres y, entonces, uno dice «montaña» y otro, «calendario».

Después, cada jugador debe pensar en una nueva palabra, esta vez relacionada con las dos recién dichas, pero sin repetir ninguna mencionada anteriormente. Por ejemplo, es posible que uno de los jugadores relacione «montaña» y «calendario» con «invierno», mientras que el otro puede pensar en «esquiar». Tras contar de nuevo hasta tres, vuelven a exclamar las dos nuevas palabras elegidas.

El juego continúa hasta que ambos participantes dicen la misma palabra al mismo tiempo, momento en el cual los dos ganan la partida.

Trucos y consejos

Siguiendo con el ejemplo de «invierno» y «esquiar», el par ganaría el juego si optara por «nieve».

Yo nunca

Jugadores: 2+ | Dificultad: 1 2 3

Este juego conversacional es ideal para romper el hielo, pero también puede convertirse en un emocionante viaje al pasado para aquellos jugadores que se conocen desde hace años.

Reglas: todos los participantes empiezan la partida levantando el mismo número de dedos: cinco para un juego rápido o diez para uno más largo. Luego, por turnos, anuncian cosas que nunca hayan hecho. Por ejemplo, uno de los jugadores dice: «Yo nunca he recibido un parte[1] en el colegio». Si alguna otra persona sí ha hecho eso o sí ha vivido esa situación, debe bajar uno de sus dedos.

Aquellos jugadores que bajen todos los dedos son eliminados. Gana el jugador que quede último.

1. Un parte escolar —o un parte de conducta— es una sanción que recibe un alumno por haber tenido un comportamiento inadecuado en el colegio o instituto. El castigo que implica el parte puede variar según el acto cometido. *(N. de la T.)*

Trucos y consejos

El reto no solo se encuentra en saber qué han hecho o no el resto de los jugadores, sino también en revelar qué cosas no has hecho tú.

No más

Jugadores: +

Dificultad: 1 3

Te sorprenderá descubrir a cuántos famosos eres capaz de recordar jugando a esto. ¡Atreveos a enlazar reglas básicas con otras más astutas para mantener al resto de los jugadores en vilo!

Reglas: un jugador piensa en una persona y en una categoría en la que esta encaje. Luego, revela su elección y formula una regla para que nadie más pueda elegir a personas de esa misma categoría. Un ejemplo, podría ser: «Albert Einstein: no más científicos».

De esta forma, el siguiente jugador debe pensar en un famoso que no haya sido vetado con la regla anterior, así como en una nueva norma que deje fuera otra categoría. Por ejemplo: «Marilyn Monroe: no más gente con dos iniciales iguales». El siguiente jugador deberá pensar, pues, en alguien que ni sea científico ni cuyas iniciales coincidan.

No se puede vetar una categoría que excluya a una única persona ni una que excluya a todo el mundo. Está permitido usar personajes ficticios (a menos que una regla lo haya prohibido).

Si un jugador dice el nombre de una persona que alguna regla anterior ha vetado, otro participante debe **anunciarlo** antes de pasar al siguiente turno. Si el jugador admite el error o si hay alguna forma de probar que se ha equivocado, es eliminado de la partida. Sin embargo, la persona que señale tres veces un error incorrectamente también será eliminada.

Gana el jugador que aguante sin ser eliminado.

Trucos y consejos

El *no más* fue creado por los cómicos británicos Tim Key, Mark Watson y Alex Horne, quienes lo juegan habitualmente en directo. Las instrucciones anteriores no pretenden ser una versión definitiva de las reglas del juego, sino una forma de que los lectores puedan jugarlo en sus viajes.

A seis grados de Kevin Bacon

Jugadores: 1+

Dificultad: 1 2 X

¡Este moderno juego es solo para cinéfilos! Kevin Bacon es el objetivo oficial del juego, pero sentíos libres de cambiarlo por vuestra estrella de cine favorita para reavivar el desafío.

Reglas: un jugador nombra a un actor o a una actriz. A través de una cadena de películas y actores, todos los jugadores tienen que intentar relacionar a la persona elegida con la famosa estrella de Hollywood Kevin Bacon. La manera de relacionarlos es pensando en una película en la que aparezca el actor o actriz seleccionado, y luego mencionando a otro actor que aparezca en esa misma película. Pero el camino siempre debe desembocar en el propio Kevin Bacon.

Por ejemplo, un jugador puede empezar nombrando a Matt Damon. Otro participante puede relacionar al actor con la peli *Contagio*, en la cual aparece Damon y Laurence Fishburne. Después, alguien se acuerda del filme *Mystic River*, en la cual actúan Fishburne y Kevin Bacon.

Gana el jugador (o jugadores) que logren terminar la cadena en seis interrelaciones o menos. Si se desea jugar en modo competitivo, únicamente gana quien completa la cadena en los mínimos pasos posibles.

Paso a paso

1. Elige a un actor o a una actriz.
2. Piensa en una película en la que aparezca.
3. Nombra a otro actor o actriz que también salga en esa peli.
4. Repite el segundo y el tercer paso hasta llegar a Kevin Bacon.

Trucos y consejos

El juego *A seis grados de Kevin Bacon* fue creado por Craig Fass, Brian Turtle y Mike Ginelli. Os dejo aquí, como útil referencia, seis películas en las que aparece el actor.

Algunos hombres buenos (1992): Tom Cruise, Jack Nicholson, Demi Moore, Cuba Gooding Jr.

Los hijos de la calle (1996): Robert de Niro, Dustin Hoffman, Brad Pitt, Minnie Driver.

Mystic River (2003): Sean Penn, Tim Robbins, Laurence Fishburne, Laura Linney.

Crazy, Stupid, Love (2011): Steve Carell, Ryan Gosling, Julianne Moore, Emma Stone.

X-Men: Primera generación (2011): James McAvoy, Michael Fassbender, Rose Byrne, Jennifer Lawrence.

Black Mass (2015): Johnny Depp, Joel Edgerton, Benedict Cumberbatch, Dakota Johnson.

El bingo

Jugadores: +

Dificultad: X 2 3

¡La selección de números añade un toque de estrategia a este sencillo juego de observación!

Reglas: cada jugador elige cinco números por turnos, escogiendo uno por cada ronda. No se pueden coger números ya seleccionados por otro jugador, y solo se puede elegir un número múltiplo de cinco.

Una vez que todo el mundo ha escogido sus números, los participantes deben competir para ser los primeros en encontrar los que han elegido a lo largo del viaje. Está permitido fijarse en señales de tráfico, anuncios o matrículas, pero no vale usar libros ni ningún otro objeto que pertenezca a los jugadores. Tampoco se puede dividir un número que claramente sea un conjunto. Por ejemplo, 99 no sirve para localizar el 9.

El primer jugador que encuentre tres de sus cinco números debe gritar: «Bingo», convirtiéndose así en el ganador.

Variante

Cartones para el bingo: si tenéis lápiz o boli, podéis usar estas cuadrículas para jugar a una versión más larga del bingo. Cada jugador debe rellenar su cartón con nueve números en vez de cinco, e ir tachándolos conforme los localice. La primera persona en hacer una línea (vertical, horizontal o diagonal) se convierte en la ganadora.

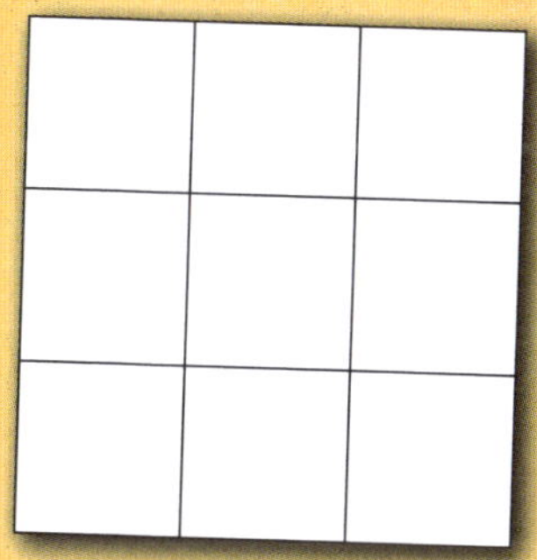

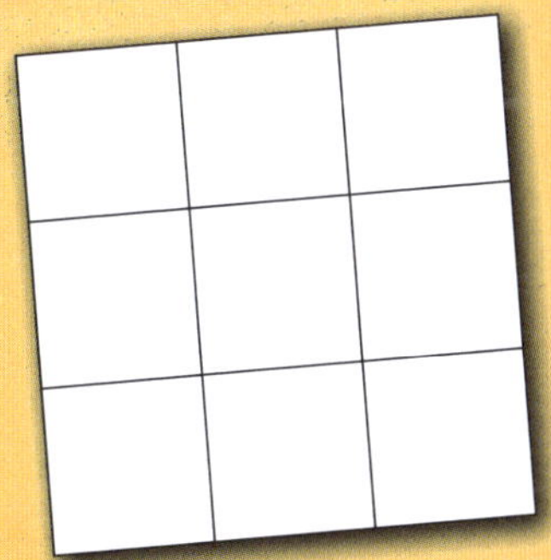

La orquesta de los animales

Jugadores:

Dificultad: X 2 3

Este juego tan bobo es realmente una pasada, ¡sobre todo si alguien hace de búho!

Reglas: para jugar a este juego hay que sentarse formando un círculo. Antes de que empiece la partida, cada jugador elige un animal diferente y le enseña al resto del grupo cuál es el movimiento y el sonido que hace su animal. Cada set de movimiento y sonido debe durar dos tiempos. Por ejemplo, si un jugador escoge al elefante, puede balancear un brazo como una trompa, a la vez que imita la onomatopeya propia del barrito dos veces.

El juego empieza con el grupo interpretando un ritmo de cuatro tiempos, lo que se consigue golpeando dos veces con las manos las rodillas y aplaudiendo otras dos veces con las palmas. El jugador inicial representa entonces a su propio animal, siguiendo el ritmo de los dos golpes en las rodillas. Después, representa a otro de los animales del grupo al compás de las dos palmadas.

El jugador al que le pertenezca dicho animal debe interpretar primero a su propio animal y, después, al de otro compañero, todo a la vez que sigue el ritmo de los cuatro tiempos. Si interrumpe el ritmo o se equivoca en la interpretación, es eliminado y empieza una nueva ronda. Si un jugador representa un animal que ya haya sido eliminado, ¡también es eliminado!

Ganan los últimos dos jugadores.

Trucos y consejos

Para jugar solo con tres o cuatro personas, cada jugador debe elegir dos animales para que, así, el número de sonidos y movimientos a recordar sea más retante. También se puede aumentar la dificultad del juego acelerando el ritmo.

Clic, Pum

Jugadores: +

Dificultad: 2 3

Después de jugar a algunos de los otros juegos de reglas ocultas que hay en este libro, los jugadores te vigilarán como un halcón, lo que con suerte les distraerá de que la regla secreta la activan ellos, ¡no tú!

Reglas: este juego se basa en una regla secreta que solo conoce uno de los jugadores. Dicha persona señala a cada uno de los demás participantes por turnos, asignándoles las palabras «clic» o «pum», como si disparara una pistola. Después, el resto de los jugadores deben tratar de averiguar quién ha recibido la bala, dando por hecho que existe un patrón o una norma secreta. Al final, el jugador inicial revela quién ha sido el blanco.

La norma secreta es que no existe ninguna: ¡es la primera persona en hablar después de que el jugador inicial haya terminado de disparar quien se convierte inmediatamente en la víctima de la bala!

Después de que el jugador inicial haya revelado quién ha muerto, empieza una nueva ronda. El juego termina cuando todos los participantes descubren la regla secreta.

Variante

El juego del sombrero: si no quieres jugar con pistolas, puedes probar con esta variante. El jugador inicial describe los intercambios de un sombrero entre los participantes, y luego les pregunta quién lo tiene. Por ejemplo, el jugador inicial dice: «Tengo un sombrero. Se lo pongo a Paco, quien se lo da a Marcos. Marcos se lo pone en la cabeza, pero María se lo quita. ¿Quién tiene el sombrero?». La regla secreta es la misma que en la variante anterior.

Contacto

Jugadores: +

Dificultad: 1 2

Contacto es uno de los juegos de palabras más difíciles de este libro, pero su complicado reglamento puede divertir a aquellos jugadores capaces de ponerse de acuerdo.

Reglas: uno de los jugadores piensa en una palabra, pero solo le revela al resto del grupo la primera letra. Por ejemplo, si la palabra elegida es «edificio», el jugador dirá en voz alta la letra E.

Los demás participantes deben intentar averiguar la palabra. Sin embargo, no pueden hacerlo de forma directa, sino que deben usar para ello la descripción de la palabra que creen que es. Siguiendo con el ejemplo anterior, si se quiere averiguar si la palabra escogida es «estudiante», se podría preguntar algo como: «¿Es una persona que acude al colegio, al instituto, a la universidad…?».

Una vez se ha formulado una definición, todos los jugadores deben intentar descubrir qué palabra es la que responde a dicha descripción. Si el jugador inicial la averigua antes que nadie, puede desacreditar la conjetura diciendo en voz alta la palabra. En el ejemplo anterior, el jugador inicial diría: «No, no se trata de un estudiante».

No obstante, si otro jugador distinto al inicial logra averiguar en primer lugar la cosa definida, debe decir: «¡Contacto!». La persona que aportó la definición y aquella que ha dicho: «Contacto» deben contar hasta tres, tras lo cual deben nombrar a la vez la palabra definida. Si ambos jugadores la dicen al unísono («¡Estudiante!») antes de que el jugador inicial la averigüe, este último debe entonces revelar la siguiente letra de su palabra (en este ejemplo, la D de «edificio»).

El grupo gana el juego cuando alguien ofrece la definición que pertenece correctamente a la palabra secreta elegida por el jugador inicial.

Paso a paso

1. El jugador inicial piensa en una palabra secreta y revela su primera letra.

2. El jugador 1 intenta averiguar la palabra sugiriendo una definición.

3a. El jugador inicial desacredita la conjetura diciendo en voz alta la palabra definida, o:

3b. El jugador 2 cree haber descubierto la palabra definida y grita: «¡Contacto!».

4. Si el jugador 1 y el jugador 2 dicen la palabra definida a la vez antes de que lo haga el jugador inicial, este último debe revelar la siguiente letra de la palabra secreta.

5. Repetid los pasos 2-4 con distintas definiciones.

6. Los jugadores ganan el juego cuando descubren una definición que pertenece a la palabra secreta.

Rosa roja

Jugadores: 1+

Dificultad: 2

¡Este complicado juego de palabras es como resolver un críptico crucigrama sobre la marcha!

Reglas: un jugador piensa en dos palabras que rimen y que contengan el mismo número de sílabas. Luego, busca un sinónimo para cada palabra y los mezcla para crear una pista enigmática, a la vez que también revela el número de sílabas. Por ejemplo, si piensa en las palabras «rosa roja», puede decir la siguiente pista: «Una flor de color, dos sílabas».

El resto de los jugadores deben usar esa pista para adivinar las dos palabras que riman. Gana quien las averigüe.

Trucos y consejos

Si eres un único jugador, aquí te dejo unas cuantas pistas para que intentes descubrir las dos palabras que riman. Estás avisado: ¡no son fáciles!

1. Un lugar de agua dulce enfurecido (dos sílabas).

2. Una comida nocturna abundante (dos).

3. Un juguete presumido (tres).

4. Participante parlanchín (tres).

5. Un roedor muy comilón (dos).

6. Agente guardián (tres).

7. Pájaro bobo entero blanco (tres).

8. Una bebida abrasadora, pero todo en pequeño (cuatro).

9. Alumno soberbio (cuatro).

10. Rostro peculiar (dos).

Respuestas en la página 132.

El hombre lobo

¡Este es todo un clásico! El hombre lobo es una batalla épica entre el bien y el mal, caracterizada por alianzas secretas y traiciones inolvidables. El juego requiere que un cierto número de jugadores mientan, por lo que aseguraos primero de que a todos os parece bien. Aparte de eso, tened siempre a mano algo de plata... ¡y preparaos para una noche memorable!

Reglas: para jugar a este juego deberéis sentaros en círculo. En *El hombre lobo*, los jugadores están divididos secretamente en dos grupos: el equipo de los buenos, con los **aldeanos** y unos cuantos jugadores con poderes especiales; y el equipo de los malos, lleno de **hombres lobo**.

Además, el juego se divide en dos fases: la noche y el día. Durante la noche, ciertos jugadores pueden utilizar sus poderes para interferir en el juego. Durante el día, todos los participantes deben votar para eliminar a un jugador. El objetivo de cada equipo es eliminar al grupo contrario tan rápido como sea posible, ¡con la dificultad añadida de que los jugadores buenos no saben quién pertenece a su equipo!

Para empezar, un jugador asume el rol de **alcalde**. El alcalde es el responsable de dirigir el juego, por lo que no forma parte de ninguno de los dos equipos. Su principal trabajo consiste en indicar que se ha hecho de noche y que todos los jugadores deben cerrar los ojos. Durante la primera noche, el alcalde elige qué papel asumirá cada participante: dice en voz alta el rol y, tras ello, le toca la cabeza al jugador elegido. El juego siempre debe contar con los siguientes roles:

Los hombres lobo: cada noche, el alcalde despierta a los hombres lobo, los cuales abren los ojos y señalan en silencio a un jugador para **eliminarlo**. Luego, cierran los ojos. Al inicio del día siguiente, el alcalde revelará qué jugador ha sido asesinado.

El detective: cada noche, el alcalde avisa al detective, quien abre los ojos y señala a un jugador, eligiéndole así para **ser investigado**. Si la persona seleccionada es un hombre lobo, el alcalde asiente con la cabeza. Luego, el detective vuelve a cerrar los ojos.

La bruja: cada noche, el alcalde despierta a la bruja. Esta abre los ojos y señala a un jugador, al cual **protegerá con un hechizo**. Luego, cierra los ojos. Si los hombres lobo y la bruja han elegido a la misma persona, el alcalde revelará durante el día siguiente que ningún jugador ha sido asesinado.

El camarero: cada noche, el alcalde despierta al camarero, quien abre los ojos y señala a un jugador con el que **compartir una bebida especial**. Luego, cierra los ojos. Al inicio del día siguiente, el alcalde revelará quién ha compartido dicha bebida: dicho jugador solo podrá decir tonterías hasta el día siguiente.

Durante la primera noche (después de que el alcalde haya repartido los roles), solo el detective y el camarero pueden abrir los ojos y usar sus poderes.

Esa noche, los hombres lobo también podrán abrir sus ojos para descubrir quién más es hombre lobo, pero no podrán eliminar a ninguna persona. Todos los jugadores que no reciben un papel son **aldeanos**, un rol sin poderes.

Tras la noche, el alcalde le pide a todo el pueblo que abra los ojos, lo que da comienzo al día.

Durante el día, los jugadores deben discutir abiertamente sobre el estado de la partida, compartiendo cualquier información que hayan descubierto durante la noche. Pueden incluso preguntarle a otro jugador cuál es su rol. Sin embargo, no es obligatorio decir la verdad en este juego, por lo que podéis afirmar que vuestro papel es uno completamente distinto al real.

Durante cualquier momento del día, un jugador puede proponer **exiliar** a otro, lo que se somete a votación. El resto de los jugadores (incluidos los hombres lobos) deben votar a favor o en contra del jugador propuesto. Cuando el exilio gana por mayoría, el día termina: ese jugador es eliminado del juego y se revela su rol. Las personas eliminadas no pueden hablar, votar, usar sus poderes ni intentar influir en la partida de ninguna forma. (También es posible no convocar ninguna votación o que no exista mayoría de los votos, en cuyo caso nadie es eliminado.) Comienza entonces la siguiente noche.

El juego continúa hasta que todos los hombres lobo son eliminados, lo que significa que los supervivientes ganan la partida; o hasta que hay el mismo número de hombres lobos que de otros jugadores, lo que significa que los hombres lobo destruyen la aldea y ganan.

Paso a paso

1. Elegid a un **alcalde**. Todos los jugadores cierran los ojos.

2. El alcalde le da a cada jugador un **papel** y despierta primero al **detective** y luego al **camarero** para que usen sus poderes especiales.

3. **Durante el día:** todos los jugadores abren sus ojos. El alcalde revela si algún jugador ha sido asesinado durante la noche (excepto en la primera noche, cuando nadie es eliminado). Los jugadores debaten, y pueden elegir exiliar (eliminar) a un participante por mayoría de votos. El alcalde revela el rol de la persona eliminada.

4. **Durante la noche:** todos los jugadores cierran los ojos. El alcalde llama por turnos a los hombres lobo, al detective, a la bruja y al camarero para que se despierten y usen sus poderes especiales.

5. Repetid los pasos 3 y 4 hasta que:

6a. No queden hombres lobo. El resto de los jugadores ganan el juego.

6b. Haya el mismo número de hombres lobo que de supervivientes. Los hombres lobo ganan el juego.

Trucos y consejos

El juego *El hombre lobo* es el más complicado de todo el libro, así que aseguraos de que proponéis jugarlo en el momento adecuado. El alcalde puede utilizar la tabla inferior para calcular cuántos papeles repartir según el número de jugadores, así como puede elegir añadir los dos roles extra que os detallo aquí abajo.

	5 jugadores.	6 jugadores.	7 jugadores.	8 jugadores.	9 jugadores.	10 jugadores.
Hombres lobo.	1	2	2	2	3	3
Detective.	1	1	1	1	1	1
Bruja.	1	1	1	1	1	1
Camarero.	1	1	1	1	1	1
Aldeanos.	1	1	2	3	3	3
Amantes.	0	0	0	(2)	(2)	(2)
Sonámbulo.	0	0	0	0	0	1

Los amantes: si el número de participantes es grande, el alcalde puede elegir a dos jugadores para que sean los amantes. Este rol se puede asumir, aunque se haya recibido otro papel. Durante la primera noche, el alcalde despertará a los amantes para que se identifiquen mutuamente. Luego, cerrarán de nuevo los ojos. Si uno de los amantes es eliminado del juego de cualquier forma, el otro amante también lo será. (Si el primer amante es un hombre lobo, pero el segundo no, este último ganará si los hombres lobo destrozan la aldea.)

El sonámbulo: cada noche (exceptuando la primera), el sonámbulo puede elegir abrir sus ojos cuando el alcalde despierte a cualquiera de los demás roles. Solo puede hacerlo durante uno de los roles, y durante todo el tiempo que desee. Obviamente, si los hombres lobo pillan al sonámbulo espiándoles, ¡tendrá todas las papeletas de ser el próximo asesinado! (El sonámbulo es el único personaje que no puede ser protegido por la bruja.)

El hombre lobo fue creado por Dimitri Davidoff (al igual que el juego *Mafia*) y desarrollado por Andrew Plotkin.

Pelea de pulgares

Jugadores:

Dificultad: 1 2 3

Este juego de manos es un clásico infantil, ¡pero no hay ninguna razón para que personas de cualquier edad no puedan luchar también en los asientos traseros del coche!

Reglas: este es un juego de solo dos jugadores. Los combatientes deben colocar la mano derecha simulando la forma de un gancho. Luego, enganchan los cuatro dedos de ambas manos, dejando arriba los pulgares. Entonces ambos jugadores recitan la siguiente rima:

«Uno, dos, tres, cuatro. / Declaro la guerra de pulgares. / Cinco, seis, siete, ocho. / Esto debería ser pan comido».

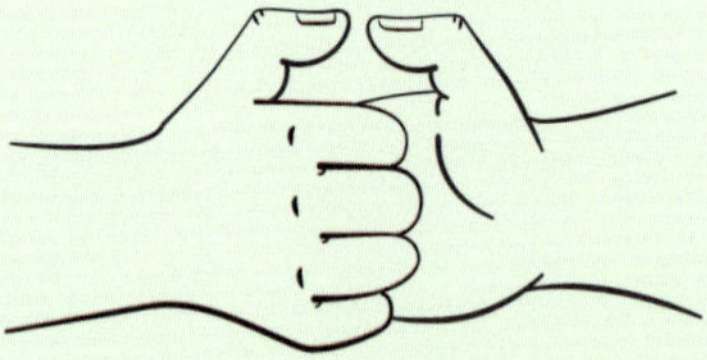

Conforme los jugadores recitan la rima, deben mover sus pulgares a tiempo con el ritmo (alternando el dedo a la derecha y a la izquierda del pulgar del contrario). En cuanto la rima se acabe, el juego comienza. Los participantes deben intentar atrapar con el pulgar el pulgar del contrario, ¡aplastándolo para que no escape!

Gana el jugador que consiga atrapar el pulgar del contrincante durante cinco segundos.

Tortita o gofre

Jugadores:

Dificultad:

¡Es fácil que os entre hambre durante este juego!

Reglas: un jugador piensa en un objeto secreto. Luego, otro participante pregunta por dos objetos a la vez para intentar adivinar de qué ítem se trata. El juego siempre debe comenzar con la pregunta: «¿Tortita o gofre?». El jugador inicial tiene que elegir la opción que más se acerque al objeto elegido. Después, otro jugador reemplaza la opción no seleccionada por una nueva.

Por ejemplo, el jugador inicial elige el objeto «teléfono». Entonces, alguien pregunta: «¿Tortita o gofre?», a lo que el jugador inicial responde: «Gofre». Otro participante piensa en una nueva opción y propone: «¿Gofre o despertador?», a lo que el jugador inicial responde: «Despertador».

El juego termina cuando algún jugador acierta el objeto elegido. El grupo entero gana.

Nuevas reglas

Jugadores:

Dificultad:

La belleza de este sencillo juego de memoria reside en que puede transformarse rápidamente en un juego de palabras, o en un juego de destreza..., ¡o literalmente en cualquier otro tipo de juego que se te ocurra!

Reglas: los jugadores empiezan contando del uno al diez, enunciando en voz alta por turnos cada número. Cada vez que alguien llegue al diez, esa persona debe instaurar una nueva regla que reemplace un número del uno al nueve por otra cosa. Por ejemplo, el jugador que enuncia el diez puede decir: «En la siguiente ronda, en vez de decir "dos" tendremos que imitar el sonido de una gallina».

El jugador que inventa la regla es quien empieza de nuevo a contar. Si algún participante se equivoca contando o siguiendo las reglas, o se detiene demasiado a pensar cuando llega su turno, es eliminado. El siguiente jugador reinicia la cuenta.

Gana el último jugador en pie. O, si logran reemplazar todos los números del uno al nueve, ganan quienes hayan superado la ronda final.

Variante

Sin eliminaciones: en vez de ser eliminado, aquella persona que se equivoque puede permanecer en el juego, pero recibe 1 punto. El jugador que, al final de la partida, tenga menos puntos se alza vencedor.

Trucos y consejos

Cuando un grupo está formado por tres o seis participantes, es el mismo jugador el que llega a diez. Por tanto, elegid de forma manual qué persona empieza cada ronda. Os dejo aquí algunas reglas enrevesadas.

En vez de decir uno, hay que decir: «¿Me toca empezar?».

En vez de decir dos, hay que decir tres.

En vez de decir tres, hay que mantenerse en silencio.

En vez de decir cuatro, hay que decir: «¡Te salto!» y saltarse el turno del siguiente jugador.

En vez de decir cinco, hay que decir una palabra que empiece por Z.

En vez de decir seis, hay que aplaudir una vez por cada jugador que haya sido eliminado.

En vez de decir siete, hay que decir el nombre de la persona que tiene el segundo turno.

En vez de decir ocho, hay que decir una palabra que rime con dicho número.

En vez de decir nueve, hay que decir: «Nueve» una vez y luego una más por cada ronda en la que esta regla ha estado activa.

El juego de los chasquidos

Jugadores: +

Dificultad: 1 ✗ 3

¡Hazles creer a tus amigos que tienes poderes psíquicos con este insólito juego de palabras!

Reglas: este juego se basa en un código secreto que dos jugadores deben representar para el resto del grupo. Uno de los jugadores iniciales que conocen el código le pide a otro participante que le diga en secreto el nombre de un famoso. Luego, le comunica al otro jugador inicial el nombre usando **chasquidos** de dedos y frases raras.

El código secreto se descifra tomando la primera letra de cada frase e indicando con los chasquidos la presencia de una vocal: un chasquido para la A, dos para la E, tres para la I, cuatro para la O y cinco para la U. La primera frase siempre debe ser o «Chasquidos es el nombre del juego», para indicar que se trata de un nombre propio, o «Chasquidos no es el nombre del juego», para indicar que se trata de un apellido o de un apodo. (El jugador inicial deberá apostar por el nombre que considere más fácil de adivinar.) Por ejemplo, un jugador inicial podría comunicar:

«Chasquidos no es el nombre de juego».

Chasquea los dedos dos veces. Chasquea los dedos tres veces.

«Nombra el juego. Salta cuando lo pilles. Tírame de la lengua.»

Chasquea los dedos dos veces. Chasquea los dedos tres veces.

«¡Nombra el juego!»

Ahora le tocaría al otro jugador inicial resolver el nombre del famoso: en este caso, Albert Einstein.

El juego se termina cuando todos los jugadores descubren cuál es el código secreto.

Trucos y consejos

Los jugadores pueden inventar sus propias frases, pero, por si acaso, ¡os dejo aquí un abecedario completo!

A = *Chasquea los dedos una vez.*

B = Baila si sabes la respuesta.

C = Concéntrate en mis palabras.

D = Distraerte no es una opción.

E = *Chasquea los dedos dos veces.*

F = Fue difícil al principio.

G = Guarda esta información en tu cabeza.

H = He aquí la información.

I = *Chasquea los dedos tres veces.*

J = Justo a esto me refiero.

K = Kilos de chasquidos.

L = Lleva estos chasquidos contigo.

M = Mi nombre es chasquidos.

N = No me interrumpas.

O = *Chasquea los dedos cuatro veces.*

P = Pilla lo que te digo.

Q = Quédate con esto.

R = Róbale el nombre.

S = Salta cuando lo pilles.

T = Tírame de la lengua.

U = *Chasquea los dedos cinco veces.*

V = Vente conmigo.

W = Wifi encendido.

X = Xilofonista tocando.

Y = Ya hemos ganado.

Z = Zapatea si sabes la solución.

Huevos podridos

Jugadores: +

Dificultad: 2 3

¡El perdedor de este juego de observación se llevará un huevazo en la cara!

Reglas: al inicio de un viaje, se elige entre todos los jugadores algo que se pueda ver varias veces a lo largo del recorrido. Por ejemplo, en un viaje largo por carretera se suelen ver muchos puentes, caballos o señales de restaurantes.

Una vez que se haya elegido un sujeto, los jugadores deben estar atentos para tratar de localizarlo todas las veces que puedan. Cada vez que un jugador vea la cosa elegida, tiene que taparse la nariz disimuladamente. Cualquier persona que no se tape la nariz antes de que el sujeto pase de largo, recibe 1 punto, también conocido como un **huevo podrido**. Si todos los jugadores se tapan la nariz, el último en hacerlo es quien se lleva el huevo.

Al final del juego, pierde aquella persona que tenga más huevos podridos, mientras que el resto del grupo gana la partida.

Adivinanzas

Jugadores:

Dificultad:

Un silencio muy especial sobrevuela un grupo cuando todo el mundo le da vueltas a la misma adivinanza. Disfrutad de la colección para principiantes que os dejo aquí, y sentíos libres de agarrar un boli y garabatear cualquier otro acertijo que se os ocurra.

Reglas: un jugador le plantea una **adivinanza** al resto del grupo. Una adivinanza es una pregunta enigmática que esconde un sentido encubierto y que suele hacer uso de juegos de palabras, metáforas o pensamiento lateral. Los jugadores ganan cuando hallan la respuesta correcta.

Por desgracia, la invención de acertijos no es nada sencilla, por lo que suele ser difícil encontrar adivinanzas buenas. En este juego, una parte de la diversión nace de coleccionar acertijos y, luego, compartirlos con gente que no los conozca, incluso proponiendo adivinanzas familiares que (en algunos casos) se han transmitido durante generaciones.

Para ayudar al resto a resolver el enigma, el jugador que ha enunciado la adivinanza puede responder a preguntas de **sí o no** para dirigir a los demás en la dirección correcta. También pueden contestar: «Irrelevante» si una respuesta monosilábica (de sí o no) no va a resultarles útil a los jugadores. No obstante, ¡nunca se debe revelar la respuesta del acertijo si no ha sido adivinada! Las adivinanzas son un bien escaso y preciado, por lo que su solución no debe darse, así como así.

Trucos y consejos

Aquí os dejo una colección de treinta adivinanzas para principiantes. ¡Usadlas con cabeza!

1. ¿Qué tiene dos manos y un rostro, pero no posee brazos?

2. ¿Qué adquiere más humedad conforme más seca?

3. ¿Qué viaja alrededor del mundo entero, pero quedándose siempre en una esquina?

4. De rayas es mi pijama, pero nunca me meto a la cama.

5. ¿Qué es de color negro cuando está limpio y de color blanco cuando se ensucia?

6. Un perro cruza un río bravo sin usar ni un puente ni un bote. Sin embargo, cuando alcanza la otra orilla, está completamente seco. ¿Cómo es posible?

7. ¿Qué se encuentra una vez en un minuto, dos veces en un momento, pero ninguna vez en cien años?

8. Una mujer dispara a su marido, lo sumerge durante cinco minutos y después lo ahorca. Luego ambos se van a cenar por ahí. ¿Cómo es posible?

9. Hay cinco hermanas en una habitación. Abril está leyendo un libro. Mayo está limpiando una estantería. Junio está jugando al ajedrez. Julio está cantando una canción. ¿Qué está haciendo la quinta hermana?

10. Redondo, redondo, barril sin fondo. ¿Qué es?

11. ¿Qué objeto está lleno de agujeros, pero, aun así, contiene agua?

12. ¿Qué criatura tiene cuatro pies, luego dos y al final tres? (¡Esta es el famoso enigma de la esfinge!)

13. ¿Qué tiene mil anillos, pero ni un solo dedo?

14. ¿Qué posee ciudades sin casas, bosques sin árboles y ríos sin agua?

15. Tim y Tom nacieron el mismo día del mismo año y de los mismos padres, pero no son gemelos. ¿Cómo es posible?

16. ¿Qué sube, pero nunca baja?

17. Pasa por el agua y no se moja, pasa por el fuego y no se quema.

18. El pobre me atesora, el rico me necesita, y si me comes, mueres. ¿Qué soy?

19. ¿Qué posee muchas llaves, pero no puede abrir ninguna cerradura?

Pávlov

Jugadores: +

Dificultad: 1 3

No existen muchos juegos inspirados en fisiólogos rusos, ¡pero este lo está!

Reglas: un jugador principal **se hace pasar por Pávlov** y cierra los ojos. En silencio, el resto de los participantes decide rápidamente una acción secreta que debe adivinar el jugador principal. Por ejemplo, cepillarse los dientes.

Entonces, el jugador abre los ojos y mueve el cuerpo, intentando averiguar la acción secreta. Cada vez que hace algo que se acerca a la acción elegida, los demás jugadores deben aplaudir con las manos. Cuanto más se acerque, más fuerte deberán aplaudir.

El juego termina cuando el jugador principal representa correctamente la acción secreta. Todo el grupo comparte la victoria.

Refranes ocultos

Jugadores: 2+ | Dificultad: 1 2 3

Este enrevesado juego de palabras es difícil de pillar, así que aseguraos de jugarlo cuando sea posible que todos os concentréis. ¡Elegid proverbios con palabras distintas para jugar limpio!

Reglas: un jugador piensa en un proverbio. El resto del grupo debe hacerle preguntas con el objetivo de descubrir de qué refrán se trata. El jugador inicial puede contestar lo que le apetezca, pero cada una de las respuestas debe incluir la siguiente palabra del proverbio elegido. Por ejemplo:

Pregunta: «¿Cuál es el refrán elegido?».

Respuesta: «No hay **quien** lo averigüe».

Pregunta: «¿Cuál es tu comida favorita?».

Respuesta: «Un plato que **tiene** legumbres».

Pregunta: «¿Cuál es tu color favorito?».

Respuesta: «El de la **boca**».

Pregunta: «¿Cuál es tu deporte preferido?».

Respuesta: «**Se equivoca** de persona con esa pregunta».

En este caso, el refrán secreto es: «Quien tiene boca se equivoca».

Si el jugador inicial se queda sin palabras a la hora de contestar las preguntas, debe empezar de nuevo con la primera palabra. Los jugadores ganan la partida cuando averiguan el proverbio elegido.

Trucos y consejos

Para que el juego sea justo, el jugador inicial debe dar respuestas cortas y concisas. Si habla demasiado, ¡el grupo nunca descubrirá las pistas ocultas!

El psiquiatra

Jugadores: +

Dificultad: 1 2

Aquellos jugadores familiarizados con *Me voy de pícnic* (véase página 14) reconocerán rápidamente este juego. Ahora, en vez de haber solo una persona que conoce la regla secreta..., ¡la conocen todos menos un jugador!

Reglas: un jugador se declara a sí mismo **el psiquiatra** que ha venido a interrogar a todos los integrantes del grupo. Antes de que empiece la acción, el psiquiatra cierra los ojos y se cubre los oídos. Mientras, el resto de los jugadores elige una regla secreta que seguir. Por ejemplo, responder a todas las preguntas del psiquiatra con enunciados que empiecen con la letra J.

Una vez elegido el patrón, el psiquiatra abre los ojos y comienza el interrogatorio. Siguiendo con el ejemplo anterior, le podría preguntar a un jugador: «¿Cuántos años tienes?» y la pregunta podría ser: «Justo acabo de cumplir once». Luego podría preguntar: «¿Qué tiempo hace hoy?», cuya respuesta sería: «Jopé, no tengo ni idea, ¡no he salido todavía a la calle!».

El psiquiatra gana la partida cuando descubre cuál es la regla secreta.

Trucos y consejos

Contestar con respuestas bobas puede hacer que el juego sea muy divertido, pero tened cuidado de no complicarle demasiado las cosas al pobre psiquiatra. Os dejo aquí una lista de algunas reglas secretas que funcionan bien.

Los jugadores deben tocarse la cara mientras responden.

Los jugadores deben decir el nombre de otro participante mientras contestan.

Los jugadores deben responder todas las preguntas con otra pregunta.

Los jugadores deben alternar entre decir la verdad y mentir.

Los jugadores deben tocarse una rodilla siempre que digan una palabra que contenga la letra L.

Los jugadores no deben mirar a los ojos al psiquiatra mientras responden.

Los jugadores deben mencionar el nombre de un color en su respuesta.

Los jugadores deben negarse a contestar si el psiquiatra hace una pregunta de más de cinco palabras.

Los jugadores deben formular respuestas con el mismo número de palabras que tenga la pregunta.

Los jugadores siempre deben incluir un número en sus contestaciones, empezando por el uno y contando hacia arriba con cada respuesta.

No te asustes

Jugadores: 2+

Dificultad: 1 2 3

Este juego conversacional puede tanto sacarte una risita como sobresaltarte, por lo que, si estáis jugando en el coche, ¡tened cuidado con no asustar al conductor!

Reglas: los jugadores se turnan para intentar asustar a los demás. El jugador que sea el objetivo debe abrir o cerrar sus ojos si se lo piden, pero no tiene por qué obedecer a ninguna otra orden. Los demás pueden hacer ruidos o movimientos inesperados, pero sin llegar a tocar al jugador objetivo.

Gana el jugador que aguante más sin sobresaltarse.

Variante

No vale reírse: en vez de intentar asustaros, intentad haceros reír mutuamente para jugar a una variante más tranquila.

Clap

Jugadores: 2

Dificultad: 1 2 3

Este juego mental de concentración es lo más sencillo posible, pero, ¡oh!, ¡ganar en él resulta tan satisfactorio!

Reglas: solo pueden jugar dos personas. Los jugadores cierran los ojos y levantan las manos. Luego, sin ningún tipo de comunicación previa, dan una palmada. El objetivo del juego es que ambos jugadores den una palmada al mismo tiempo. Si no logran coordinarse o si solo uno de los dos da la palmada, deben volver a abrir los ojos antes de empezar de nuevo el juego.

Ambos jugadores ganan si logran dar una palmada a la misma vez.

Variante

Triple reto: para un desafío realmente atroz, añadid a un tercer jugador ¡e intentad haceros con una superpalmada triple!

Piedra, papel, lo que sea

Jugadores:

Dificultad: X 2 3

Dos gladiadores imaginarios se enfrentan en una pelea... ¡y, así, este juego de manos se convierte con rapidez en un divertidísimo juego conversacional!

Reglas: se trata de un juego para tres jugadores que puede resultar un poco familiar al principio. Dos de los jugadores se sitúan frente al tercero y cierran cada uno una mano en un puño, recitando a la vez: «Piedra, papel, tijeras», pero seguido de un cuarto elemento. En el cuarto ritmo, pueden decir aquello que se les ocurra, a la vez que adoptan con la mano una forma que represente la palabra elegida. Por ejemplo, el primer jugador dice: «Piedra, papel, tijeras, **¡dragón!**», formando con la mano una boca monstruosa, mientras que el segundo grita: «Piedra,

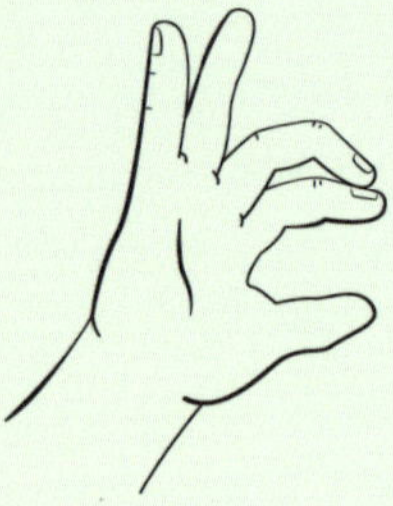

Dragón.

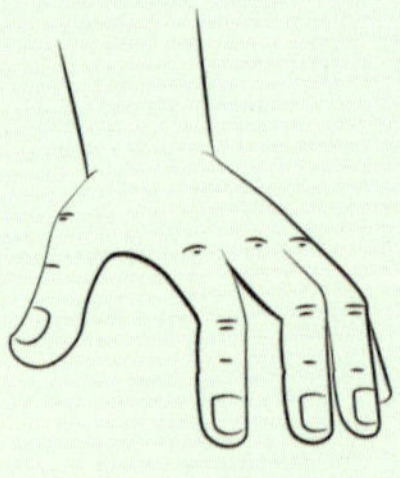

Tarántula.

papel, tijeras, **¡tarántula!**» y representa con la mano la forma de la araña.

Luego, los jugadores debaten qué forma debería ganar la ronda. Se trata de un juego de creatividad, por lo que cuanto más estrafalario sea el argumento, ¡mejor! Una vez concluido el debate, el tercer jugador decide quién gana, y dicha persona se lleva 1 punto. Entonces, el tercer jugador se une a la partida, mientras que el perdedor asume el puesto de juez, y empieza una nueva ronda. Durante toda la partida no vale repetir palabras ya dichas.

Gana el jugador que sea el primero en conseguir 5 puntos.

Trucos y consejos

Si quieres representar una forma muy complicada, está permitido usar dos manos en vez de una.

Guiño asesino

Este juego asesino es uno de los favoritos de cualquier aula, y es aún más espeluznante cuando se juega alrededor de una crepitante hoguera. ¡Pero aseguraos de que todos los jugadores puedan ver bien las caras de los demás!

Reglas: para jugar a este juego hace falta sentarse en círculo. Un jugador es elegido **alcalde** y le dice al resto de los participantes que cierren los ojos. Luego, escoge a un **asesino** tocándole la cabeza en silencio. Después, le pide al grupo que abra los ojos y declara públicamente a un **detective**. (Por desgracia, la participación del alcalde se acaba aquí.)

Ahora, todos los participantes se miran mutuamente estableciendo contacto visual. Cada vez que el asesino haga contacto visual con alguien (excepto con el detective), puede **matar** a dicho jugador guiñándole un ojo. Tras esperar un segundo, el jugador debe gritar y anunciar que ha sido asesinado (cuanto más dramático, ¡mejor!).

El trabajo del detective es capturar al asesino. Una vez por partida, el detective acusa a uno de los jugadores como sospechoso. Si acierta, el detective gana el juego. Si, por el contrario, yerra en su suposición, gana el asesino. Si solo quedan en el juego el detective y el asesino porque el resto de los jugadores ha muerto, ¡gana el asesino!

Paso a paso

1. Los jugadores se sientan en círculo y eligen a un **alcalde**.
2. El alcalde escoge en secreto a un **asesino**.
3. El alcalde nombra públicamente a un **detective**.
4. Los jugadores miran a los ojos al resto de los participantes. Si el asesino le guiña el ojo a uno de ellos, dicho jugador anuncia que ha sido asesinado.
5. El detective solo tiene una oportunidad por partida para acusar a alguien de ser el asesino.

6a. Si el detective acierta, gana el juego.

6b. Si el detective se equivoca, el asesino gana la partida.

6c. Si mueren todos a excepción del asesino y el detective, el asesino se alza con la victoria.

Trucos y consejos

Si tenéis una baraja de cartas a mano, podéis elegir las cartas para repartir aleatoriamente los dos roles. Formad un mazo de un mismo palo o color que sea igual al número de jugadores menos dos; después, añadid un as y una sota de palos o colores distintos al mazo. Barajad las cartas y ponedlas boca abajo para que cada jugador escoja una al azar. Quien recibe el as es el asesino, aunque debe mantenerlo en secreto. Y el que recibe la sota es el detective: debe anunciarlo en voz alta. Lo bueno de jugar con una baraja de cartas ¡es que no se necesita alcalde!

Las gorgonas

Jugadores: 5+ | Dificultad: 1 2 3

En la mitología griega, la mirada de las gorgonas podía transformar a los guerreros en piedra. Por suerte, en este caso solo te hará quejarte de frustración ¡mientras el resto del grupo se deshace en risas!

Reglas: para jugar a este juego hay que sentarse formando un círculo. El grupo empieza mirando al suelo. Entonces, uno de los jugadores grita: «Tres, dos, uno... ¡ya!». Cada jugador debe levantar la cabeza rápidamente y mirar directamente a los ojos de otro participante: cuando dos jugadores se miran mutuamente, son eliminados de la partida. El resto del grupo pasa a la siguiente ronda.

Gana el último jugador o los dos últimos jugadores que queden. O, si quedando más de dos personas, todos los jugadores son eliminados, ¡nadie gana!

La cabra Billy

Jugadores:

Dificultad: 1 2 3

Por escrito, las reglas de este juego de manos parecen supersencillas..., pero, una vez que empecéis a jugar, descubriréis muy pronto que vuestra espalda ¡no es tan sensible como pensáis!

Reglas: este es un juego para solo dos jugadores. Uno de los participantes coloca sus diez dedos en la espalda del otro. (En vez de usar la espalda, también vale jugar en un brazo, por ejemplo, siempre y cuando el jugador mire hacia otro lado.) Luego, el jugador inicial pregunta: «Cabra Billy, cabra Billy, ¿cuántos cuernos tengo?». Con cada palabra, el jugador posa los dedos en la espalda, cambiando el número. Al término de la pregunta, el jugador debe dejar los dedos en el sitio, congelados, presionando con fuerza las puntas contra la espalda.

El jugador situado de espaldas debe adivinar cuántos dedos están en contacto con su espalda. Da la sensación de ser fácil, ¡pero es mucho más complicado de lo que parece!

Gana el jugador que adivine correctamente el número de dedos que tiene en la espalda.

Trucos y consejos

Se trata de un juego sueco conocido oficialmente como *Bulleribock*.

El juego de la vaca

Jugadores:

Dificultad:

¿Puede que este sea el juego más ridículo de todo el libro? Sí, sin duda..., ¡pero es probable que, aun así, lo encuentres MUUUUUUUY divertido!

Reglas: se trata de un juego muy tonto para dos jugadores, los cuales deben estar sentados en los lados opuestos de un coche. El objetivo de cada participante es encontrar tantas vacas como pueda. Si uno de los jugadores ve una vaca (o un rebaño) en su lado de la carretera, debe anunciar en voz alta: «¡Vacas en mi lado!» para ganar 1 punto. Si, por el contrario, localiza una vaca o rebaño en el lado de la carretera de su oponente, debe gritar: «¡Vacas en tu lado!» para ganar también 1 punto. Los rebaños cuentan como uno.

Asimismo, se pueden ganar puntos si se ve un cementerio. El primer jugador en localizar un cementerio debe enunciar: «¡Vacas fantasma!»... ¡para robarle a su oponente la mitad de sus puntos!

Gana el jugador que tenga más puntos acumulados al final del viaje.

Variante

Vacas disfrazadas: si, en vez de vacas, es más probable que veáis otro tipo de animal durante el viaje, podéis poneros de acuerdo al inicio del juego en que esos animales son en realidad vacas disfrazadas. Por ejemplo, los caballos son realmente **vacas altas** y los perros, **vacas ladradoras**. ¡También valen las imágenes de vacas que os encontréis a lo largo del viaje!

Johnny Whoop

Jugadores: +

Dificultad: 2 3

¡Puedes volver medio locos a tus jugadores con este juego de manos tan tonto! Intenta mantenerlos entretenidos adivinando todo el tiempo que puedas.

Reglas: este juego se basa en una regla secreta que solo debe conocer un jugador. Dicha persona levanta una mano y, con la otra, toca cada dedo empezando desde el meñique, mientras acompaña cada toque de la palabra: «Johnny». Tras tocar el índice, debe seguir la curva entre este y el pulgar diciendo a la vez: «Whoop». Luego, repite el recorrido, pero en esta ocasión al revés, empezando por el pulgar. De principio a fin, el patrón es: «Johnny, Johnny, Johnny, Johnny, whoop, Johnny, whoop, Johnny, Johnny, Johnny, Johnny». Después, el jugador inicial se cruza de brazos y reta al resto de los jugadores a repetir el patrón.

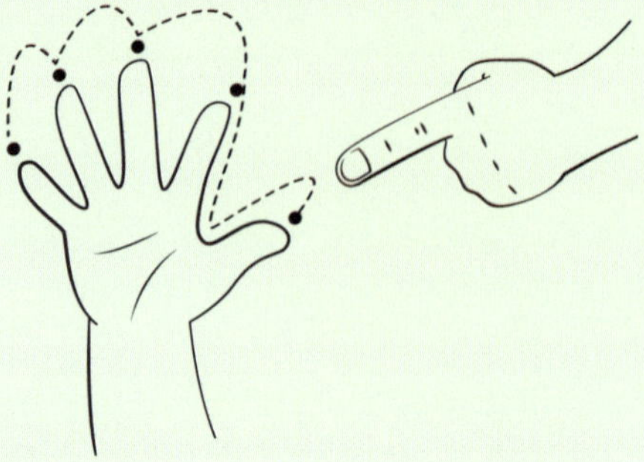

Imitar el patrón es un poco complicado, pero la verdadera regla secreta es esta: para que un jugador complete correctamente el patrón... ¡debe también cruzarse de brazos al terminar!

El juego termina cuando el grupo al completo descubre la regla secreta.

Trucos y consejos

La gracia de este juego está en decirles a los demás que se han equivocado, incluso cuando están seguros de que han imitado a la perfección el patrón. El jugador inicial debe representar de nuevo la secuencia completa cada vez que los demás se lo pidan, para darle al grupo la oportunidad de pillar la regla secreta.

Yincana

Jugadores: +

Dificultad: 2 3

¡Este es el mejor juego de localización! Mantened la atención puesta en el objetivo (y en lo que os rodea) para completar todas estas listas. También podéis escribir vuestras propias listas para personalizar el reto. ¡Feliz yincana!

Reglas: los jugadores deciden entre todos una lista de cosas que deben encontrar a lo largo del viaje. De este modo, cada jugador debe apresurarse a hallar dichos ítems, ya sea localizándolos o guardándoselos. La primera persona en encontrar una de las cosas debe avisar al resto: así, los demás no podrán adjudicarse la misma. Por ejemplo, si un jugador ve a un caballo en un prado, ningún otro jugador podrá utilizar ese mismo caballo.

El juego termina cuando alguien completa la lista, o cuando el viaje (o una parte de este) termina, en cuyo caso gana el jugador que más cosas haya tachado de su lista.

Trucos y consejos

Para que os sea más fácil empezar, os dejo en la siguiente página varias listas que podéis usar. ¡Buena suerte!

EN EL CAMPO

- ☐ Vaca.
- ☐ Oveja.
- ☐ Caballo.
- ☐ Tractor.
- ☐ Granero.
- ☐ Molino de viento.
- ☐ Tienda agrícola.
- ☐ Buzón.
- ☐ Vías de tren.
- ☐ Bandera.
- ☐ Perro en un coche.
- ☐ Pegatina en el parachoques.
- ☐ Puente.
- ☐ Mariposa.
- ☐ Señal de fauna silvestre.
- ☐ Lago.
- ☐ Ave rapaz.
- ☐ Veleta.

EN LA CIUDAD

- ☐ Bus.
- ☐ Taxi.
- ☐ Bicicleta.
- ☐ Avión.
- ☐ Coche de policía.
- ☐ Cono de tráfico.
- ☐ Paso de peatones.
- ☐ Obrero.
- ☐ Alguien con una bolsa.
- ☐ Alguien paseando a un perro.
- ☐ Pareja dándose la mano.
- ☐ Floristería.
- ☐ *Skate park.*
- ☐ Lavandería.
- ☐ Fuente.
- ☐ Estatua.
- ☐ Bandera.
- ☐ Parque infantil.

EN EL AEROPUERTO

- ☐ Alguien con un sombrero o gorra.
- ☐ Alguien con gafas.
- ☐ Alguien con un sombrero y gafas.
- ☐ Sándwich.
- ☐ Trozo de tarta.
- ☐ Máquina expendedora.
- ☐ Señal en un idioma extranjero.
- ☐ Trabajador de una aerolínea.
- ☐ Fuente de agua.
- ☐ Maleta rosa.
- ☐ Almohada de viaje.
- ☐ Paraguas.
- ☐ Árbol o planta de interior.
- ☐ Escultura.
- ☐ Bandera nacional.
- ☐ Juguete perdido.
- ☐ Guía turística.
- ☐ Alguien dormido.

Triviales

Jugadores:

Dificultad:

Habrá quien diga que no le gustan los juegos, ¡pero todo el mundo disfruta intentando resolver triviales complicados! Las preguntas del final son las más difíciles, solo para adolescentes y adultos, aunque los jugadores más jóvenes podrán disfrutar animando a sus compañeros de equipo. Si queréis llevar la cuenta, hay un total de 200 puntos en juego. ¡Buena suerte!

Reglas: un jugador hace una pregunta. Si alguien logra responder correctamente, gana el juego inmediatamente.

Para ayudaros a empezar, he reunido en las siguientes páginas una colección de las mejores preguntas de trivial del mundo, las cuales pueden servir para organizar un concurso en cualquier momento. Las preguntas están pensadas para ser meditadas y debatidas, así que no os rindáis a la primera. ¡Algunas de estas preguntas pueden bastar para mantener al grupo ocupado durante horas!

Podéis modificar la dificultad del juego de la siguiente forma: para jugar en un nivel fácil, cada jugador puede intentar responder una pregunta tantas veces como quiera (lo que os recomiendo hacer sí o sí en aquellos interrogantes más complicados); mientras tanto, para jugar en un nivel de dificultad media, cada jugador solo tiene una oportunidad para intentar acertar la respuesta.

Para jugar en nivel difícil, el grupo en sí solo posee una oportunidad de contestar cada pregunta, aunque sus integrantes pueden discutir la respuesta antes de decantarse por una u otra solución. Para jugar en modo competitivo, los jugadores pueden dividirse en varios equipos o jugar individualmente, ganando 1 punto por cada acierto.

El jugador que asuma el papel de director del juego puede hacer sus propias conjeturas antes de comprobar la respuesta. Además, en una partida amistosa incluso puede ofrecer pistas y medios puntos a su discreción.

Trucos y consejos

Un trivial puede cambiar con el tiempo, pero las respuestas aquí recogidas deberían ser correctas a partir de enero de 2023. En las cuestiones de geografía, se ha considerado como países a aquellos aceptados como miembros de las Naciones Unidas, lo que significa que los territorios como Guam, Guayana Francesa o Ciudad del Vaticano ¡no cuentan!

Test I: CALENTAMIENTO 1

1. Según lo convenido mundialmente, ¿cuáles son los nombres de los seis continentes de la Tierra?
2. ¿Cuál es el animal más grande del planeta?
3. ¿Cómo se llaman los cuatro palos de una baraja de cartas?
4. ¿Quiénes fueron las dos primeras personas en caminar por la Luna?
5. En orden, ¿cuáles son los siete colores del arcoíris?
6. ¿Cuáles son los nombres de las seis diferentes clases de piezas en el ajedrez?
7. ¿Cuál es la montaña más alta del mundo?
8. ¿Cuáles son los dos ríos más largos del mundo?
9. ¿Qué tres provincias españolas tienen solo cuatro letras en sus nombres?
10. En orden, empezando desde el más pegado al Sol, ¿cuáles son los ocho planetas de nuestro sistema solar?

Respuestas de la página 133.

Test II: CALENTAMIENTO 2

1. ¿De qué fruta se dice que crece «en manos»?
2. ¿Cuál es el único país escrito en una sola palabra que termina con la letra K?
3. ¿Cuáles son los tres colores primarios?
4. Por diámetro, ¿en qué deporte olímpico se utiliza la bola más pequeña y en cuál la más grande?
5. ¿Qué animal tiene un nombre que, traducido al latín, significa «rey lagarto tirano»?
6. ¿Cuál es la ciudad europea con mayor población?
7. En los videojuegos de 1996 *Pokémon rojo* y *Pokémon*

azul, ¿cuáles eran los nombres de los tres Pokémon iniciales?

8. ¿Qué animal pone los huevos más grandes?
9. ¿En qué tres secciones se dividen de forma general los instrumentos de una orquesta?
10. Un bate y una bola cuestan en total 1,10 €. El bate cuesta un euro más que la bola. ¿Cuánto cuesta la bola?

Respuestas de la página 134.

Test III: CALENTAMIENTO 3

1. Tres medias medias, le sumas la media y media, el número al que equivale, con otra media dos pares.
2. ¿Qué animal terrestre vivo es el más grande del mundo?
3. ¿A qué país pertenece la bandera nacional conocida como «la bandera de estrellas»?
4. ¿Cuál es el único número cuyas letras igualan a su nombre?
5. ¿Qué seis letras comienzan la fila superior de letras de un teclado estándar?
6. ¿Cuántos circulitos hay en un dado de seis caras?
7. ¿De qué colores son los cinco anillos olímpicos?
8. ¿Qué tres sabores forman el corte de helado típico, también llamado «napolitano»?
9. ¿A qué país pertenece la bandera nacional conocida como Union Jack?
10. ¿Qué dos ingredientes son los principales en el sándwich mixto?

Respuestas de la página 134.

Test IV: GEOGRAFÍA 1

1. ¿Cuáles son los cinco países más grandes, según su masa terrestre, en el mundo?
2. ¿Qué tres países empiezan por la letra V?
3. Según la RAE, un enclave es «un territorio incluido en otro con diferentes características políticas, administrativas, geográficas, etcétera». Según dicha definición, ¿qué dos países son un enclave?
4. ¿Qué seis comunidades autónomas españolas poseen un nombre que comienza con C?
5. ¿Cuáles son los siete desiertos más grandes del mundo?
6. ¿Qué tres países africanos tienen un nombre que empieza con N?
7. ¿Qué tres países empiezan con la letra H?
8. ¿Qué cinco países europeos limitan con Suiza?
9. ¿Qué cuatro estados americanos se encuentran respectivamente más al norte, al este, al sur y al oeste?
10. ¿Qué doce países forman América del Sur?

Respuestas de la página 135.

Test V: GEOGRAFÍA 2

1. ¿Cuál es el único país cuyo nombre acaba en T?
2. ¿Y los dos en terminar en Y?
3. ¿Cuáles son los dos únicos países que no venden Coca-Cola?
4. ¿Qué cuatro ciudades estadounidenses son conocidas respectivamente como la ciudad del pecado, la ciudad del motor, la ciudad del viento y la ciudad que nunca duerme?
5. A caballo entre Europa y Asia, ¿cuál es la ciudad transcontinental más grande del planeta?

6. ¿Cuáles son los nombres de los seis estados y los dos territorios de Australia?
7. ¿Qué tres países asiáticos empiezan con la letra S?
8. ¿Qué ciudad es conocida como la ciudad eterna?
9. ¿Qué capital se encuentra más cerca del ecuador?
10. Respectivamente, el baht (฿), el forinto (Ft), la lira (£), el séquel (₪), el sol (S/) y el yen (¥) son las monedas nacionales ¿de qué seis países?

Respuestas de la página 135.

Test VI: RIMAS INFANTILES

1. Al corro de la patata, ¿qué comeremos como comen los señores?
2. ¿Dónde se balanceaban los elefantes?
3. ¿Qué le dice un pez a otro?
4. ¿Qué hacen los tres tristes tigres en un trigal?
5. Cuando se encuentran, don José y don Pepito se saludan, y luego don Pepito le pregunta a don José: «¿Pasó usted ya por casa?». ¿Qué otra cosa le pregunta después?
6. ¿Cuál es el baile favorito del tomate?
7. ¿Dónde pone los huevos la gallina turuleca?
8. Una señorita muy aseñorada, que siempre va en coche y siempre va mojada. ¿Qué es?
9. Cucú, cantaba la rana..., pero ¿por qué llora la rana al final de la canción?
10. Tengo copa y no soy árbol, tengo alas y no soy pájaro; protejo del sol a mi amo, en invierno y en verano. ¿Qué soy?

Respuestas de la página 135.

Test VII: ANIMALES

1. ¿Cuál es la serpiente más venenosa del mundo?
2. ¿Qué dos animales son los únicos mamíferos capaces de poner huevos?
3. ¿Qué peculiar rasgo comparten los animales nacionales de Escocia y Gales?
4. ¿Qué animal terrestre es el más rápido del mundo?
5. ¿Qué animal tiene la tensión arterial más alta?
6. Si los perros son caninos y los gatos son felinos, ¿qué tres palabras describen respectivamente a vacas, cerdos y osos?
7. ¿Cuál es el único mamífero capaz de volar?
8. ¿Cuántas patas tiene un escorpión?
9. ¿En qué cuatro etapas se divide el ciclo vital de una hormiga?
10. ¿Cuáles son los doce animales del zodíaco chino?

Respuestas de la página 136.

Test VIII: CINCO COSAS

1. ¿Cuáles son los cinco océanos de la Tierra?
2. En la canción *El arca de Noé*, ¿cuáles son los primeros cinco animales distintos en ser nombrados?
3. ¿Cuáles son los cinco títulos nobiliarios que constituyen la nobleza británica?
4. Según el modelo de Kübler-Ross, ¿cuáles son las cinco etapas del duelo?
5. ¿Qué nombres comunes reciben las cinco monedas de Estados Unidos inferiores a un dólar?
6. Según el sentido humano del gusto, ¿cuáles son los cinco sabores básicos?

7. ¿Qué cinco nombres reciben respectivamente las figuras que tienen cinco, seis, siete, ocho y nueve caras?
8. ¿Qué nombres reciben los cinco dedos de la mano humana?
9. Según los aficionados a la caza mayor, ¿cuáles son los grandes cinco animales de África?
10. ¿Cuáles son los cinco barrios o distritos que conforman la ciudad de Nueva York?

Respuestas de la página 136.

Test IX: HOMÓNIMOS

(Nota: en este apartado ¡vale contestar con apellidos!)

1. ¿Quién inventó el telégrafo eléctrico de un solo hilo en 1838?
2. ¿Quién inventó el saxofón en 1846?
3. ¿Quién desarrolló un proceso de conservación de microbios con calor en 1864?
4. ¿Quién inventó en 1893 un motor que utilizaba gas comprimido mecánicamente para encender el combustible?
5. ¿Quién inventó el dirigible rígido en 1895?
6. ¿Quién inventó el primer automóvil asequible (el Modelo T) en 1908?
7. ¿Quién inventó (con Walther Müller) un dispositivo portátil para medir la radiación ionizante en 1928?
8. ¿Quién inventó la primera escala para medir la magnitud de los terremotos en 1935?
9. ¿Quién inventó el primer bolígrafo de éxito comercial en 1938?
10. ¿En qué mes nació el dictador romano Julio César?

Respuestas de la página 137.

Test X: ACRÓNIMOS 1

(Y también algunas siglas.)

1. En cuanto a las armadas de la Commonwealth, ¿qué significa el prefijo HMS?
2. ¿Qué palabras se han unido para formar sida?
3. En las direcciones de internet, ¿qué significa www?
4. ¿Qué significa PM en inglés?
5. ¿Qué significa radar?
6. En cuanto a las fechas, ¿qué significa la designación a. e. c.?
7. En un procedimiento de primeros auxilios, ¿qué significa RCP?
8. ¿Qué significa URSS en relación con el Estado euroasiático disuelto?
9. ¿Qué significa el acrónimo pyme?
10. ¿Qué significa UNESCO, el organismo que promueve la paz mundial?

Respuestas de la página 137.

Test XI: ACRÓNIMOS 2

1. En cuanto a los fenómenos aéreos se refiere, ¿qué significa ovni?
2. En el programa espacial civil, ¿qué significa NASA?
3. En cuanto a la impresión en color, ¿qué significa CMYK?
4. ¿Qué significa DJ en relación a la música?
5. ¿Qué significa CI en cuanto a inteligencia se refiere?
6. ¿Qué significa ERE según la legislación laboral española?
7. ¿Qué significan las siglas AFK a la hora de jugar a videojuegos?

8. ¿Qué significa ABBA, el grupo musical sueco?
9. ¿Qué significa el acrónimo láser, un dispositivo emisor de luz?
10. ¿Qué significa COI?

Respuestas de la página 138.

Test XII: BANDERAS

1. ¿Cuántas estrellas aparecen en la bandera nacional de Estados Unidos?
2. ¿Qué tres ingredientes típicos de una *pizza* representa la bandera nacional de Italia?
3. ¿Qué dos herramientas aparecían en la bandera nacional de la Unión Soviética?
4. ¿Qué bandera se cree que enarbolaron por primera vez los capitanes Emanuel Wynn y Bartholomew Roberts?
5. ¿Qué país tiene la única bandera nacional con más de cuatro lados?
6. La bandera nacional de Irlanda (una tricolor vertical verde, blanca y naranja) simboliza la unión pacífica de ¿qué dos grupos?
7. ¿Qué cinco banderas nacionales llevan una cruz nórdica (o escandinava)?
8. ¿La bandera nacional de qué país se conoce por un nombre que significa «bandera del sol»?
9. ¿Qué dos animales aparecen en la bandera nacional de México?
10. Existen tres países empatados en el número de colores utilizados (seis, el mayor de todos) en el diseño de sus banderas nacionales. ¿Qué tres naciones son?

Respuestas de la página 139.

Test XIII: CIENCIA Y NATURALEZA

1. ¿Durante qué tres períodos geológicos vivieron los dinosaurios no aviares en la Tierra?
2. ¿Qué dos minerales reciben puntuaciones ordinales respectivas de 1 y 10 en la escala de Mohs de dureza mineral?
3. Al mezclar abonos modernos, ¿qué tres elementos se utilizan más comúnmente como macronutrientes?
4. ¿Qué sonido emitido en 1883 se considera el más fuerte de la historia?
5. En anatomía, ¿qué órgano humano es el más grande?
6. Titán, Tritón y Titania son respectivamente las lunas más grandes ¿de qué tres planetas?
7. ¿Qué cuatro estados de la materia son observables en la vida cotidiana?
8. ¿Cuáles son los tres tipos principales de rocas?
9. ¿Cuáles son los cuatro tipos de dientes humanos?
10. ¿Qué doce constelaciones forman el zodíaco occidental?

Respuestas de la página 139.

Test XIV: TRANSPORTES

1. ¿Qué servicio ferroviario realizó por primera vez una ruta de Londres a París en 1994?
2. ¿Qué servicio ferroviario realizó por primera vez una ruta de París a Constantinopla en 1883?
3. ¿Qué carretera histórica unía Chicago (Illinois) con Santa Mónica (California)?
4. ¿En qué tres ciudades se encuentran respectivamente el aeropuerto Charles de Gaulle, el aeropuerto internacional John F. Kennedy y el aeropuerto Leonardo da Vinci (Fiumicino)?

5. ¿En qué país circulan vehículos de transporte público conocidos como yipnis?
6. ¿Cómo se llamaban las tres naves comandadas por Cristóbal Colón durante su primer viaje a las supuestas Indias Occidentales en 1492?
7. ¿Qué cuatro términos describen las carreras de los pistones de un motor de cuatro tiempos?
8. ¿En qué país funciona la red ferroviaria de alta velocidad conocida como Shinkansen?
9. ¿Qué barco llevó al naturalista Charles Darwin alrededor del mundo en 1831?
10. En el *Monopoly* clásico de España, conocido como *El Palé* (1935), ¿cuáles son los nombres de las cuatro estaciones de tren?

Respuestas de la página 139.

Test XV: CONSTRUCCIONES

1. ¿Qué monumento conecta el condado de Marin con la península de San Francisco (ambos territorios en California)?
2. ¿Qué monumento se convirtió en el edificio más alto del mundo en 2009?
3. ¿Qué otro nombre recibe la Torre Elizabeth?
4. ¿Qué cuatro presidentes de Estados Unidos están esculpidos en el monte Rushmore?
5. ¿Qué nombre recibe el mausoleo de mármol blanco de la emperatriz Mumtaz Mahal?
6. ¿Qué monumento contiene en su pedestal una copia en bronce del poema de Emma Lazarus «El nuevo coloso»?
7. ¿Cuál es el monumento cuyo nombre se traduce como: «Nuestra Señora de París»?

8. ¿Dónde está enterrado actualmente Gustavo Adolfo Bécquer?
9. ¿Qué monumento protege a Cullinan, el mayor diamante tallado del mundo?
10. ¿Qué siete monumentos se conocen como las siete maravillas del mundo antiguo?

Respuestas de la página 140.

Test XVI: EN EL TOP MUNDIAL 1

1. ¿Qué tres obras de William Shakespeare empiezan por la letra M?
2. ¿Qué seis actores interpretaron por primera vez al agente secreto James Bond en las películas de Eon de 1962 a 2021?
3. ¿Qué cascada es la más alta del mundo y en qué país se encuentra?
4. ¿Qué arma sostiene el *David* de Miguel Ángel?
5. ¿En qué tres ramas se dividen las Fuerzas Armadas españolas?
6. En el juego de mesa *Scrabble*, ¿cuántos puntos suelen obtenerse al formar la palabra «scrabble»?
7. ¿Qué cuatro nombres reciben popularmente los cuatro jinetes del Apocalipsis?
8. ¿Cómo se llamaban las seis esposas del rey Enrique VIII?
9. ¿Qué cinco manos de póquer, por orden de importancia, ganan a tres iguales?
10. ¿Cuáles son las seis lenguas oficiales de las Naciones Unidas?

Respuestas de la página 140.

Test XVII: EN EL TOP MUNDIAL 2

1. ¿Qué país tiene una sola sílaba en su nombre?
2. ¿Cuál es el único animal cuyo nombre científico es exactamente igual a su nombre común en inglés?
3. ¿Qué dos partes del cuerpo tienen solo tres letras en sus nombres?
4. ¿Cuántos grados gira la Tierra en una hora?
5. ¿Cuál es el único número primo par?
6. ¿Qué diez pruebas de atletismo se disputan en un decatlón olímpico?
7. ¿Cuál es el único país de una sola palabra cuyo nombre contiene las cinco vocales sin repetir ninguna?
8. Ordenadas alfabéticamente en castellano, ¿qué provincias españolas se encontrarían respectivamente en primer y último lugar?
9. ¿Cuáles son los nombres de las doce princesas oficiales de Disney que aparecieron en las películas estrenadas entre 1937 y 2016?
10. ¿Cómo se llaman las cinco hijas de Bernarda Alba en la clásica tragedia de Federico García Lorca?

Respuestas de la página 141.

Test XVIII: EN EL TOP MUNDIAL 3

1. ¿Qué deporte recreativo utiliza cuatro categorías de objetos fijos conocidos como edificios, antenas, vanos y tierra?
2. ¿Qué seis armas se incluyen como fichas en el juego de mesa *Cluedo*?
3. ¿Qué país tiene un nombre que contiene una sola vocal (la cual aparece una sola vez)?

4. ¿Cuál fue el primer videoclip musical emitido en la MTV cuando se inauguró el canal el 1 de agosto de 1981?
5. ¿Cuáles son las seis novelas de la escritora inglesa Jane Austen?
6. Estrenadas entre 1977 y 2019, ¿cuáles son los títulos de las nueve primeras películas de la saga principal de *Star Wars*?
7. Este número termina cuando lo vas a alcanzar, y descubres con vergüenza que acaba de empezar. ¿De qué número se trata?
8. ¿Cuáles son los seis campos en los que se conceden anualmente los premios Nobel?
9. ¿Cuál es el único músculo (o grupo muscular) que está unido al hueso solo por un extremo?
10. Dos veces se ha concedido un Óscar a la interpretación a dos actores diferentes (en dos películas distintas) por encarnar al mismo personaje. ¿Cómo se llaman esos dos personajes y qué cuatro actores ganaron los premios?

Respuestas de la página 141.

Test XIX: EN EL TOP MUNDIAL 4

1. ¿Qué seis monarcas del Reino Unido gobernaron durante el siglo XX?
2. ¿Qué siete ingredientes componen la hamburguesa Big Mac del McDonald's?
3. ¿Qué dos letras son respectivamente la primera y la última del alfabeto griego?
4. ¿Cuáles son los nombres y apodos de las cinco Spice Girls originales?
5. En la novela infantil de Roald Dahl *Charlie y la fábrica de chocolate*, ¿quiénes son los cinco niños que encuentran los billetes dorados?

6. ¿Cómo se llaman los tres tipos de tambores y los tres platos que componen una batería moderna estándar?
7. Según la mitología griega, ¿qué tres hermanos gobiernan el cielo, el mar y el inframundo?
8. ¿Qué dos danzas se utilizan como palabras clave en el alfabeto fonético de la OTAN?
9. ¿Cómo se llaman los tres huesos largos que se encuentran en el interior de un brazo humano?
10. ¿Cómo se llaman los ocho monstruos principales de la franquicia de películas Monstruos clásicos de la Universal, que aparecieron en las películas estrenadas entre 1931 y 1954?

Respuestas de la página 142.

Test XX: EN EL TOP MUNDIAL 5

1. ¿Cuál es el único número escrito en orden alfabético?
2. ¿Exclusivamente en qué ocasión es correcta la operación 11 + 3 = 2?
3. ¿Qué cinco países terminan con la letra L?
4. ¿Qué tres homenajeados en el Paseo de la Fama de Hollywood recibieron en 1973 un monumento, pero no una estrella, en la intersección de Hollywood y Vine (por sus contribuciones a la radiodifusión televisiva)?
5. ¿Qué seis metales están representados en la tabla periódica por los símbolos Cu, Ag, Sn, Au, Hg y Pb?
6. ¿Cuáles son los nombres de los diez primeros largometrajes estrenados por Pixar Animation Studios?
7. Sin contar los híbridos, ¿qué tres tipos principales de palos de golf hay?
8. A excepción de las bandas sonoras, ¿cómo se llaman los cuatro últimos álbumes de estudio de The Beatles?
9. ¿Cuáles son las seis máquinas simples clásicas?

10. En el año 2000, la New 7 Wonders Foundation realizó una encuesta para determinar las siete nuevas maravillas del mundo. Con fechas de construcción comprendidas entre el 700 a. C. y el 1931 d. C., ¿qué siete monumentos se conocen ahora como las siete nuevas maravillas? (Nota: divididos por continentes, hay tres monumentos en Asia, dos en Sudamérica, uno en Europa y otro en Norteamérica.)

Respuestas de la página 143.

La caza del tesoro

Jugadores: Dificultad: 1 2 X

Ante vosotros se encuentra el último reto de este libro. ¿Tenéis lo que hay que tener para resolver las pistas, los códigos y los enigmas, y llegar así a mi tesoro secreto? Continuad adelante ¡y descubrid si contáis con las agallas suficientes!

Reglas: trabajando en modo cooperativo, los jugadores deben seguir una serie de pistas para descubrir la localización secreta de mi diamante ovalado: el diamante Henseleit. Ganan todos los participantes en cuanto hallan el diamante.

Esta es la primera pista. ¡Buena suerte!

Mi primera letra es la de algo que se utiliza para beber;
aquello que en un mapa se suele esconder.

Mi segunda letra pertenece a lo que no puede ser dividido;
y en ella nuestro planeta pasa desapercibido.

Mi tercera se halla tras una muralla de hueso;
el tórrido verano de esta letra es también preso.

Mi cuarta es aquella que el camino crea;
un pájaro surca los cielos gracias a ella.

Mi última letra es la carencia absoluta;
el día que da paso a la negrura impoluta.

Soy algo exótico y, sin embargo, me escondo a la vista: empieza desde abajo para desenterrar tu próxima pista.

Trucos y consejos

La solución de esta caza del tesoro no se halla recogida en el libro, así que... ¡tienes que resolverla tú mismo!

RESPU

ESTAS

Rosa roja

1. Lago bravo.
2. Cena plena.
3. Muñeca coqueta.
4. Jugador hablador.
5. Ratón glotón.
6. Espía vigía.
7. Pingüino albino.
8. Cafelito calentito.
9. Estudiante arrogante.
10. Cara rara.

Adivinanzas

1. Un reloj.
2. Una toalla.
3. Un sello.
4. La cebra.
5. Una pizarra.
6. El río estaba helado.
7. La letra M.
8. La mujer saca una foto, sumerge el celuloide para revelarlo y lo cuelga para que se seque.
9. Jugar al ajedrez contra Junio.
10. Un anillo.
11. Una esponja.
12. El ser humano (primero, gatea; luego, camina erguido; y, al final, anda apoyándose en un bastón).
13. Un teléfono antiguo (o un telefonillo).
14. Un mapa.
15. Son trillizos.

16. La edad.
17. La sombra.
18. Nada.
19. Una flauta travesera (o un clarinete, fagot u oboe).
20. Un agujero.
21. Una baraja de cartas.
22. El silencio.
23. Una mano de pintura.
24. Siempre fueron tres hombres: un hijo, un padre y un abuelo.
25. El hilo.
26. Un eco.
27. Una tonelada (o un kilo, o cualquier unidad de medida).
28. Un resfriado.
29. La oscuridad.
30. Tu mano izquierda.

Triviales

Test I

1. Asia, África, América, Antártida, Europa, Australia.
2. La ballena azul.
3. Picas, tréboles, diamantes, corazones (o, en la baraja española, bastos, espadas, copas y oros).
4. Neil Armstrong y Edwin «Buzz» Aldrin.
5. Rojo, naranja, amarillo, verde, azul, añil, violeta.
6. Peón, torre, caballo, alfil, reina, rey.
7. El Everest.
8. El Nilo y el Amazonas.
9. Jaén, León y Lugo.
10. Mercurio, Venus, Tierra, Marte, Júpiter, Saturno, Urano, Neptuno.

Test II

1. Las bananas o los plátanos: según la RAE, la mano es el «conjunto de plátanos que quedan unidos por un extremo luego de ser separados del racimo».
2. Irak.
3. Azul, rojo, amarillo.
4. Tenis de mesa y baloncesto.
5. El *Tyrannosaurus rex*.
6. Estambul.
7. Bulbasaur, Squirtle, Charmander.
8. El avestruz.
9. Cuerdas, viento, percusión.
10. Cinco céntimos (si el bate costara un euro y la bola diez céntimos, la diferencia entre ambos precios sería de noventa céntimos; por lo tanto, el bate debe costar 1,05 € y la pelota cinco céntimos para que la diferencia sea de un euro).

Test III

1. El número 3 (tres medias medias son tres medias de vestir por la mitad, que equivalen a una media y media; si le sumas otra media completa y su otra mitad, hacen tres. Si le sumas otra media, son cuatro, es decir, dos pares).
2. El elefante africano.
3. A Estados Unidos.
4. Cinco.
5. QWERTY.
6. Veintiuno.
7. Azul, amarillo, negro, verde, rojo.
8. Vainilla, chocolate, fresa.
9. A Reino Unido.
10. Jamón (o jamón york) y queso.

Test IV

1. Rusia, Canadá, China, Estados Unidos, Brasil.
2. Vanuatu, Venezuela y Vietnam.
3. Lesoto en Sudáfrica y San Marino en Italia.
4. Canarias, Cantabria, Castilla-La Mancha, Castilla y León, Cataluña y Comunidad Valenciana.
5. Antártico, Ártico, Sáhara, Gran Desierto Arenoso, Arabia, Gobi, Kalahari.
6. Namibia, Níger, Nigeria.
7. Haití, Honduras, Hungría.
8. Austria, Francia, Italia, Liechtenstein, Alemania.
9. Alaska, Alaska (o Maine), Hawái, Alaska.
10. Argentina, Bolivia, Brasil, Chile, Colombia, Ecuador, Guyana, Paraguay, Perú, Surinam, Uruguay, Venezuela.

Test V

1. Kuwait.
2. Paraguay y Uruguay.
3. Cuba y Corea del Norte.
4. Las Vegas, Detroit, Chicago y Nueva York.
5. Estambul.
6. Territorio de la Capital Australiana, Nueva Gales del Sur, Territorio del Norte, Queensland, Australia Meridional, Tasmania, Victoria, Australia Occidental.
7. Singapur, Sri Lanka, Siria.
8. Roma.
9. Quito (Ecuador).
10. Tailandia, Hungría, Turquía, Israel (y Palestina), Perú, Japón.

Test VI

1. Ensalada, naranjitas y limones.
2. Sobre la tela de una araña.

3. ¡Nada!
4. Tragan trigo.
5. «¿Vio usted a mi abuela?»
6. La salsa.
7. En la sala y en la cocina.
8. La lengua.
9. Porque una señora no le quiso dar moras.
10. Un sombrero.

Test VII

1. La taipán de interior.
2. Las dos especies pertenecientes a los monotremas: el equidna y el ornitorrinco.
3. Ambos son ficticios (el unicornio y el dragón).
4. El guepardo (~98 km/h).
5. La jirafa.
6. Bovino (vacas), porcino (cerdos), ursino (osos).
7. El murciélago.
8. Ocho.
9. Huevo, larva, pupa, adulto.
10. Rata, buey, tigre, conejo, dragón, serpiente, caballo, cabra, mono, gallo, perro, cerdo.

Test VIII

1. Pacífico, Atlántico, Índico, Austral (o Antártico), Ártico.
2. El cocodrilo, el orangután, la serpiente, el águila real y el gato.
3. Duque, marqués, conde, vizconde, barón.
4. Negación, ira, negociación, depresión, aceptación.
5. *Penny* o *cent* (un centavo), *nickel* (cinco centavos), *dime* (diez centavos), *quarter* (veinticinco centavos), *half dollar* (cincuenta centavos).
6. Dulce, ácido, salado, amargo y umami (sabroso).

7. Pentágono, hexágono, heptágono, octógono, nonágono (o eneágono).
8. Pulgar, índice, corazón, anular, meñique.
9. León, leopardo, rinoceronte, elefante, búfalo de El Cabo (también llamado búfalo africano o búfalo cafre).
10. Bronx, Brooklyn, Manhattan, Queens, Staten Island.

Test IX

1. Samuel Morse.
2. Adolphe Sax.
3. Louis Pasteur.
4. Rudolf Diesel.
5. El conde Ferdinand von Zeppelin.
6. Henry Ford.
7. Hans Geiger.
8. Charles Francis Richter.
9. László Bíró.
10. En julio.

Test ¿?

(Nota: ¡Un pajarito debe haberte traído aquí!)

1. ¿Cuántos eran los cerditos que se escondían del lobo en el clásico cuento infantil?
2. En un juego de Fizz Buzz, ¿qué número se sustituye primero por la palabra fizzbuzz?
3. ¿En qué día cae el Día Internacional de las Matemáticas?
4. ¿En qué siglo se sucedieron las dos guerras mundiales?
5. ¿Cuántos hoyos se juegan en una partida estándar de golf?
6. ¿Qué número atómico tiene el elemento hidrógeno?
7. ¿Cuántos países empiezan por la letra F?
8. En el juego de cartas blackjack, ¿a qué número hay que acercarse?

9. ¿Qué número primo es el más pequeño?
10. ¿Qué número es el cuadrado de 3?
11. ¿Cuántos versos componen la estrofa rimada de la quintilla?
12. ¿Cuántos problemas matemáticos componen la lista de Smale?
13. ¿Cuántas caras tiene un icosaedro?
14. Aparte del 0, ¿qué otro dígito compone el sistema binario?
15. A=1, B=2, etc. ¡Pero no cuentes la ñ!

Test X

1. *His/Her Majesty's Ship*, es decir, «barco de Su Majestad».
2. Síndrome de inmunodeficiencia adquirida.
3. World Wide Web (red informática mundial).
4. *Post meridiem* (es decir, «después del mediodía»).
5. *Radio detection and ranging* (detección y localización por radio).
6. Antes de la era común.
7. Reanimación cardiopulmonar.
8. Unión de Repúblicas Socialistas Soviéticas.
9. Pequeña y mediana empresa.
10. Organización de las Naciones Unidas para la Educación, la Ciencia y la Cultura.

Test XI

1. Objeto volador no identificado.
2. Administración Nacional de la Aeronáutica y del Espacio.
3. Cian, magenta, amarillo, negro.
4. *Disc-jockey* (pinchadiscos).
5. Cociente de inteligencia.
6. Expediente de Regulación de Empleo.
7. *Away from keyboard* («lejos del teclado», para indicar mientras se juega en línea que, a pesar de que uno esté conectado a la partida, no está jugando).
8. Agnetha, Björn, Benny, Anni-Frid.

9. *Light amplification by stimulated emission of radiation* (amplificación de luz mediante emisión inducida de radiación).
10. Comité Olímpico Internacional.

Test XII

1. Cincuenta.
2. Albahaca, *mozzarella*, salsa de tomate.
3. La hoz y el martillo.
4. La Jolly Roger (la bandera pirata).
5. Nepal (se trata de una bandera triangular).
6. De los católicos romanos (verde) y los protestantes (naranja).
7. Dinamarca, Finlandia, Islandia, Noruega y Suecia.
8. La de Japón.
9. El águila real y la serpiente de cascabel.
10. Sudáfrica, Sudán del Sur y Dominica.

Test XIII

1. Triásico, Jurásico, Cretácico.
2. El talco y el diamante.
3. El nitrógeno, el fósforo y el potasio.
4. La erupción del volcán Krakatoa.
5. La piel.
6. De Saturno (Titán), Neptuno (Tritón) y Urano (Titania).
7. Sólido, líquido, gas, plasma.
8. Ígneo (o magmático), metamórfico, sedimentario.
9. Incisivos, caninos, premolares, molares.
10. Aries, Tauro, Géminis, Cáncer, Leo, Virgo, Libra, Escorpio, Sagitario, Capricornio, Acuario, Piscis.

Test XIV

1. El Eurostar.
2. El Orient Express.

3. La Ruta 66.
4. En París, Nueva York y Roma.
5. En Filipinas.
6. La Niña, La Pinta y la Santa María.
7. Admisión, compresión, combustión (o explosión o expansión), escape.
8. En Japón.
9. El HMS Beagle.
10. Estación del Mediodía, Estación de Getafe, Estación del Norte y Estación de las Delicias.

Test XV

1. El puente Golden Gate.
2. El Burj Khalifa.
3. Big Ben.
4. George Washington, Thomas Jefferson, Theodore Roosevelt, Abraham Lincoln.
5. El Taj Mahal.
6. La Estatua de la Libertad.
7. La catedral de Notre Dame.
8. En Sevilla (en el Panteón de Sevillanos Ilustres).
9. La Torre de Londres.
10. La gran pirámide de Giza, los jardines colgantes de Babilonia, el templo de Artemisa en Éfeso, la estatua de Zeus en Olimpia, el mausoleo de Halicarnaso, el coloso de Rodas, el faro de Alejandría.

Test XVI

1. *Macbeth*, *Medida por medida*, *Mucho ruido y pocas nueces.*
2. Sean Connery, George Lazenby, Roger Moore, Timothy Dalton, Pierce Brosnan, Daniel Craig.
3. Salto Ángel, en Venezuela.

4. Una honda.
5. Ejército de Tierra, la Armada y el Ejército del Aire y del Espacio.
6. Catorce.
7. Guerra, Hambre, Peste (o Conquista), Muerte.
8. Catalina de Aragón, Ana Bolena, Juana Seymour, Ana de Cleves, Catalina Howard, Catalina Parr.
9. Escalera, color, *full*, cuatro iguales, escalera de color.
10. Árabe, chino, español, francés, inglés, ruso.

Test XVII

1. Chad.
2. La *Boa constrictor*.
3. El ojo y el pie.
4. Quince grados.
5. El dos.
6. 100 metros, salto de longitud, lanzamiento de peso, salto de altura, 400 metros, 110 metros vallas, lanzamiento de disco, salto con pértiga, lanzamiento de jabalina, 1.500 metros.
7. Mozambique.
8. Álava y Zaragoza.
9. Blancanieves, Cenicienta, Aurora, Ariel, Bella, Jasmine, Pocahontas, Mulán, Tiana, Rapunzel, Mérida, Moana. (Ya no son oficiales Campanilla ni Esmeralda.)
10. Angustias, Magdalena, Amelia, Martirio y Adela.

Test XVIII

1. El salto BASE.
2. Candelabro, puñal, tubo de plomo, revólver, cuerda, llave inglesa.
3. Chad.
4. *Video Killed the Radio Star*, de The Buggles.

5. *Sentido y sensibilidad, Orgullo y prejuicio, Mansfield Park, Emma, La abadía de Northanger, Persuasión.*
6. *La amenaza fantasma, El ataque de los clones, La venganza de los Sith, Una nueva esperanza, El Imperio contraataca, El retorno del Jedi, El despertar de la fuerza, Los últimos Jedi, El ascenso de Skywalker.*
7. Del infinito.
8. Física, Química, Medicina (o Fisiología), Literatura, Paz, Economía.
9. La lengua.
10. Don Vito Corleone *(El Padrino)*, interpretado por Marlon Brando y Robert De Niro; y el Joker, interpretado por Heath Ledger y Joaquin Phoenix.

Test XIX

1. Victoria, Eduardo VII, Jorge V, Eduardo VIII, Jorge VI, Isabel II.
2. Dos hamburguesas de ternera, salsa especial, lechuga, queso, pepinillos, cebolla y pan con semillas de sésamo.
3. Alfa y omega.
4. Melanie Brown (Scary Spice), Melanie Chisholm (Sporty Spice), Emma Bunton (Baby Spice), Geri Halliwell (Ginger Spice), Victoria Beckham (Posh Spice).
5. Augustus Gloop, Veruca Salt, Violet Beauregarde, Mike Teavee, Charlie Bucket.
6. Los tambores se llaman caja, bombo y *toms;* los platos, *hihat* (o *charles*), *crash* y *ride.*
7. Zeus (cielo), Poseidón (mar), Hades (inframundo).
8. Foxtrot y tango.
9. Húmero, cúbito, radio.
10. Drácula, Frankenstein, la Momia, el Hombre Invisible, la Novia de Frankenstein, el Hombre Lobo, el Fantasma de la Ópera, el Monstruo de la Laguna Negra.

Test XX

1. El dos.
2. La afirmación solo es correcta si se refiere a las horas: si sumamos tres horas a las once, serán las dos.
3. Portugal, Senegal, Brasil, Israel y Nepal.
4. Neil Armstrong, Edwin «Buzz» Aldrin, Michael Collins (recibieron lunas).
5. Cobre (Cu), plata (Ag), estaño (Sn), oro (Au), mercurio (Hg), plomo (Pb).
6. *Toy Story*, *Bichos*, *Toy Story 2*, *Monstruos S. A.*, *Buscando a Nemo*, *Los Increíbles*, *Cars*, *Ratatouille*, *WALL-E*, *Up*.
7. Madera, hierro, *putter*.
8. *Sgt. Pepper's Lonely Hearts Club Band*, *The Beatles (The White Album)*, *Abbey Road*, *Let It Be*.
9. Palanca, torno, polea (rueda con eje), plano inclinado (rampa), cuña, tornillo.
10. La Gran Muralla China, Petra, el Coliseo, Chichén Itzá, Machu Picchu, el Taj Mahal, la estatua del Cristo Redentor. (Categoría honorífica: las pirámides de Giza.)